ABOUT THE AUTHOR
作者簡介

自1992年起，Marcia Chang Vogl 一直積極投入個人禱告服事。她擁有教育學士學位與音樂教育碩士學位，並曾於美國 Elijah House（以利沙坊）接受培訓。隨後，她於 Wagner Leadership Institute（華格納領袖學院）取得事工實踐碩士與博士學位，專注於女性事工、釋放與職場服事等領域。

她的職涯涵蓋多元領域，曾於公立學校教授幼稚園至八年級的音樂課程，也擔任大學的教師資格課程講師，此外還是一位全職母親與抵押貸款行業的主管。她現受按立為 River Fellowship 與 Hidden With Christ Ministries 合夥事工之牧者。

Marcia現居美國南加州，與丈夫結縭逾五十年，育有三位成年的子女與三位孫兒女。

其他推薦

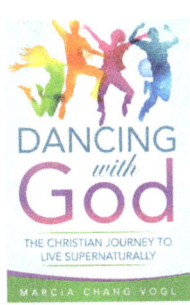

Dancing With God:
The Christian Journey to Live Supernaturally

Training to Reign with God:
The Christian Guide to Spiritual Maturity

這本書是要獻給那些在King's Highway Ministries和Breakthrough Workshops，與我早期一起忠心地參與侍奉傳道的人。他們對主的飢渴，促使我在自己的屬靈步伐中成長，同時也學習去指導和培訓他人。

前行之路

The Path Forward

Marcia Chang Vogl

All rights reserved. No part of this book may be used or reproduced by any means, graphic, electronic, or mechanical, including photocopying, recording, taping or by any information storage retrieval system without the written permission of the publisher except in the case of brief quotations embodied in critical articles and reviews.

Scriptures taken from the Holy Bible, New Interntational Version®, NIV®. Copyright ©1973,1978,1984,2011 by Biblica, Inc.™ Used by permission of Zondervan. All rights reserved worldwide. www.zondervan.com The "NIV" and "New International Version" are trademarks registered in the United States Patent and Trademark Office by Biblica, Inc.™ All rights reserved.

Copyright © 2025 Marcia Chang Vogl 版權所有・翻印必究

Hidden with Christ Ministries
P.O. Box 745
Forest, VA 24551

ISBN: 978-1-7354447-6-5

《前行之路》
作者 Author   Marcia Chang Vogl
翻譯 Translation   Esther See, Hollis Chiu
編輯 Editor   Hollis Chiu
美術設計 Design   Hollis Chiu

Printed in USA by Ingram Spark.

Contents

推薦序　　　　　　　　7
作者序
　我的故事　　　　　9
　致謝感言　　　　　13
　本書的目的　　　　14
　「前行之路」的基礎　17

01 第一章·心靈的醫治

悔改　　　　　　　　25
饒恕　　　　　　　　32
完全人　　　　　　　39
尊榮你的父母　　　　44

02 第二章·成聖

身體/器皿　　　　　　27
魂/決策者　　　　　　34
心靈/生命的氣息　　　41

03 第三章·稱義

願祢的旨意成就　　　79
如何知道自己是否行
在神完全的旨意中？　83
「甜甜圈」生活　　　86
除去絆腳石　　　　　87
公義之樹　　　　　　95

04 第四章·轉變

你的思維方式是什麼？　101
爭取突破　　　　　　104
君尊的祭司　　　　　105
先知預言　　　　　　110
君王　　　　　　　　115

推薦序

全世界的人們都處於一個相同的進退兩難境地，就是希望自己的生活變得更好。他們想擁有美好及充滿愛的健康關係，希望免於傷害、焦慮、沮喪和絕望。但是年復一年，不管他們試圖想要改變什麼，生活中的一切似乎還是保持不變，或者只是變得更糟。許多人都彷彿覺得，他們被困在一個永遠無法逃脫的迷宮中。

Marcia 張（Marcia Chang Vogl）的《前行之路》是一份強而有力的指引，幫助願意尋找出路的人走出低谷與困境。她對那些在生命中因受傷害，而對上帝和其他人建立圍牆的人們，有深度的洞察。這將有助於她為那些人們邁向自由的第一步，帶來啟示與幫助。

作者在這書中所教導的屬靈原則，重如黃金，並且會讓讀者知道，自由和行屍走肉的生命截然不同。

我親眼見證了 Marcia 心靈醫治服侍的成果。我可以確定，她的恩膏教導在許多受服侍的人中，帶來了極強大的果效。如果你按部就班，跟從她智慧之言的教導，你將會在人生真正自由之道上前進。

麗塔·朗厄蘭（Rita L. Langeland）
Hidden With Christ Ministries 執行主任
Tustin, California

作者序

有些人問我，為甚麼會開始心靈醫治、個人禱告服事和釋放的事工，在這裡我想告訴大家我的故事：

當我三十九歲的時候，沒跡可尋，莫明奇妙地漸漸掉進了抑鬱狀態。我有一個關愛我的丈夫，三個可愛的孩子，許多朋友，而且當時我在大學教書的，經濟上基本上沒有擔憂的。為甚麼有人會在這種情況下，陷入抑鬱呢？一個星期天的早上，正在教會主日崇拜聚會的時候，我開始失控地哭泣。在聚會結束後，又哭了兩個小時，直到教會關閉。當時有一位非常好的朋友陪伴，並帶我回家。因為丈夫早已經把孩子們先帶回家了。

我的抑鬱莫明其妙地越陷越深。過了幾天，我到附近的公園散步、哭泣和呼求上帝的幫助。當時我只想開著車，毫無目的地，直到用完汽油為止。然而，我想起曾答應了大兒子，要去參加他的童子軍聚會，去觀看他有份參演關於美國印第安人的短劇。我不能讓他失望，所以擦乾眼淚，還是去了。

我帶著哭腫的眼睛和乾裂的嘴唇，鼻塞難耐地抵達兒子的聚會。童子軍的領袖若無其事得、親切地跟我打招呼，甚麼也沒問。當時其他的母親也在場，但很快，所有的目光又回到了當天真正的主角——孩子們身上。我不知道兒子是否注意到，但他表現得好像一切跟平常一樣。在會後，那位童子軍領袖輕聲對我說，「如果有甚麼需要幫忙的，請跟我說」。我們說了再見後就離開了。在軟弱中，我經歷了主超然的庇護，實

在是祂白白的恩典。

那天晚上，我告訴了丈夫我想出走逃跑的想法，和在公園發生的事情。他打了個電話給一位當輔導官的朋友，詢問意見。這一位輔導官朋友說他必需馬上與我會面。隔天，在迷茫當中，我們去見了這位輔導官朋友。他推薦了一位精神科醫生，他可以提供藥物和進一步的住院治療的。之後的整個週末，我的狀況一直下滑，幾乎無法起床並且沒停過的哭。最後，丈夫懇求我住院治療。

於是，我住進了醫院精神科的一個四人共用的病房。當時我是在那房間唯一的病人，所以我選擇了離門最遠的床位。當晚，一位有自殺傾向的女士也進院觀察，她選擇最靠近浴室的床位。她至少有六英尺高，而且體重看起來好像也超過二百磅。因為我只有四英尺十吋高和八十七磅重，所以她對我來說就像是一個巨人。

那晚，當我從浴室走出來準備睡覺前，她擋住了我並用粗魯的語氣說：「你是我來這裡的原因，這都是你的錯！撒旦把我送進來這裏，你應該為我禱告。」我愣住，說不出話來。在此之前，我只懂得如何從別人寫的禱告書來做禱告。我通常先把禱告事項找出來，然後照著相關的禱告詞來禱告。我曾反覆多次用相同的禱告書禱告，但要當場「即興」為別人禱告，對我來說是個挑戰。但看到這個女人的強勢，我不得不溫柔地握著她的手，作了一些禱告。雖然當下我不知道自己在說甚麼，但是腦海中還是會閃出一些禱告裏常用的詞句，然後我說「阿們」。禱告之後我就精疲力竭的睡著了。

第二天早上醒來時，那位女士已經搬到另一個病房。下

午她來找我，非常高興地感謝我為她禱告，還說她已經很久沒睡的那麼沈，那麼香。說完，她好像就消失了在我的迷霧中。

　　在住醫院住的三個星期裏，我接受藥物治療、小組治療、和室友們一同哭泣、做藝術手工、針線活、還有睡很多覺。在小組療法中，我聽院友說著他們的經歷：有人企圖自殺，有人經歷幻聽和長期病患，被家人否定排斥，也有人被家人否定與排斥，甚至曾經企圖傷人。對我來說，這些事情既震撼又陌生——我自小在一個道德觀念明確、家庭關係穩定的環境中長大，從未接觸過這樣的經歷。這一切，彷彿只是報章新聞或電視劇中才會出現的情節。這些宛如惡魔般的經歷，從未在我身上發生過，因此我對它們的真實存在毫無概念。那是我人生中，第一次真切地面對那些受過深刻創傷的人。他們當中一些人還以為我是醫院的工作人員，因為對他們來說，我看起來一切正常、有條理。

　　在康復期間，我跟 Mary Lou Serfers 聯繫上並與她一起禱告，是她帶領我認識聖靈的。當我開始與聖靈接觸並與祂交通之後，我逐漸走出了抑鬱的陰影。至此之後，聖經的話語對我來說變得更有生命、有力量。我重新慢慢的將自己，用新的方式，再交托給主。好一段時間，我必須服用一個藥物來保持清醒，另一個讓我入睡，另一個讓我保持冷靜，另一個讓我精神振作起來。我感覺自己活像是個流動藥房。終於有一天，我對神說：「主啊，我不敢相信這種方式生活是祢的意思。但如果真是這樣，那就讓我這麼活下去吧。」這種禱告聽起來，就好像似我這就放棄了，但實際上我是降服。隨著我就拿著準備要服用的一顆藥丸在手上，繼續說：「主啊，我依靠的是祢，而

不是這顆藥丸。如果我這樣的行為是愚蠢的話，就讓我自食其果。如果不是的話，那麼我會把現在到下一次吃藥的這段時間交托給祢。」說罷就把藥丸放在一邊。後來連續十天，我每個小時作一次同樣的禱告。我把這事了告訴醫生，她吃了一驚，不過她說：「如果你又開始感覺到情緒下滑，一定要打電話給我。」至此之後，我從未給她打電話，但我還是持續把每一個小時都交托給主。我總共花了三年的時間，才完全康復過來。但是蒙恩在這艱難的歲月裏，神安排一位非常慈悲的牧師陪我一起，在禱告服事中走過。

　　直到我完全康復，並開始參與為別人禱告的服事後，我才慢慢把自己過去的經歷串連起來。那時，主讓我遇見一位需要朋友的人。我們開始建立友誼而且關係越來越密切，我開始為她禱告。她告訴我她童年曾經歷撒旦教儀式的虐待，從她的分享中，我才看見撒旦是多麼骯髒敗壞的存在，也明白主怎麼一步步帶領我進入心靈醫治、個人禱告和釋放的服事中。

致謝感言

我感謝我忠實的丈夫Rich，支援我多年的學習和培訓，最終完成這本書！在我參加課程和會議時，他承擔了額外的責任。他幫助別人的服侍意願及價值，給我增添了啓示。我也感謝他在我寫作過程中，幫忙編輯，並且提出一些問題讓我更深思熟慮。

我很衷心感謝多年的老朋友和禱告夥伴 Gail Downey 的鼓勵、鞭策和屬靈提醒。雖然我們在追求主的道路上各有別，但是那些在一起討論和交通過程裏，我的心靈卻得到了滋養。我們一直就像是彼此的眼睛和耳朵，互相以禱告扶持。她更發揮她的攝影的才華，為我拍攝了個人照片，並放入書中。同時，她也協助我編輯和修改這本書的內容。

我也感謝 Linda Barnhurst，以一位具備專業心理學背景及基督徒友人身分的眼光與洞察，為這本書的寫作材料提供了建設性的觀點。

我衷心感謝 Rita Langeland，她是我的同事，也是我最堅定的支持者。她的領導與鼓勵，使我有勇氣去嘗試更多具挑戰性的事工。

最後我要感謝的是，我的兒子James，他將自己在攝影和平面設計方面的才能，投入到這個「媽媽的計畫」中，為本書增添了獨特的視覺呈現。

本書的目的

這本書是為那些已生命委身於基督信仰，並盼望與神有更深層屬靈關係的人而寫的。我常聽見基督徒說，希望尋找一些方法好讓他們在基督教信仰上，能更深一層鞏固及更真實的把基督徒生命實踐在日常生活中。光是在星期日去參加崇拜、家宴、唱詩班、或查經討論，確實是不足夠的。有些人會感到困惑受阻，彷彿已經到達了旅程的終點，但是事實上，他們知道這生命的旅程，還沒有結束。他們已準備要作出一些改變。如果以上的情況，引起了你的共鳴，那麼，這本書就是為你而設的。

這幾年裡，透過在禱告事工各別面見好一些人，我意識到，我一直在重複地教導他們一些基本原則。為了擴大教導層面，我建立了六到十人的小組講習班。因為我相信基督徒必須把行動與信仰連接起來，所以我設計了一些練習方法，用來幫助建立良好的屬靈模式，使之成為屬靈成長的基礎，這就是我所謂的「前行之路」。

本書所傳達的教學內容，與我在小組講習班中的教導相互呼應，重點在於引導人們在日常生活中實踐聖經原則，以效法基督的樣式為目標。許多我所輔導的人都認識基督，也熟悉祂的教導，但真正知道如何在生命的歷程中活出屬基督生命的人，卻寥寥無幾。

在邁向基督徒生命的道路上，有四個的主要及必經的人生歷程，而且每一段都是不可或缺的。

第一個過程是——心靈的醫治。身體上的傷口是可以被看見和辨認的；但心靈的傷口是隱藏並且難以捉摸的。心靈

的傷處，通常是因為它們結了的壞果子，而被發現的。我們常常說壞果子就是主要問題的所在，但其實是結壞果子的樹，才是真正的問題核心；而且那棵樹一直我們的心中成長。上帝眷顧我們的心靈和身體，因為我們是全人全體的。我們能通過耶穌醫治的大能來瞭解這個全體，但只有當心靈得著醫治時，我們才能夠完全理解。人們內心，通常會因為過去的傷痛而封閉起來，即使有多渴望改變，似乎也讓人覺得難以，或甚至不可能去做改變。一顆受傷的心築起了有形的和無形的牆，不只攔阻了上帝的愛進入，也隔絕了他人真誠關愛的流動。基督徒若要成長，內心深處那些尚未被醫治的傷痛，需要被主觸摸與釋放，否則它們會在生命的旅程中成為絆腳石。

第二個過程是——成聖。這個過程處理的是我們的屬靈狀況。當我們接受耶穌為生命的主和救贖主時，我們與神之間的關係就發生了根本性的改變，這就是「救恩」。接下來的「成聖」過程，則是我們生命狀態在神面前逐步被更新與改變的歷程。當我們在思想、身體和心靈上變得純淨和聖潔時，我們就可以在神的事情上前進。若沒有成聖，撒但便有機可乘，得以在我們生命中施行偷竊、殺害與毀壞，甚至攔阻我們走進神所命定的計劃。上帝呼召我們成為「聖潔」，因為祂是聖潔的（哥林多前書第1章2節；帖撒羅尼迦前書第4章7節）。一個慈愛的神，不會要求我們成為一個完全不可能成為的人，祂能使我們成為聖潔。

第三個過程是——稱義。上帝是重視個人關係的神。祂創造人類，是為了能與人建立親密的關係。和上帝保持正確的關係是很重要的，因為一個破裂的關係會切斷我們生命的源

頭。在日常生活中，我們需要不斷做出關鍵的人生抉擇；本章將提供一些實際的練習，以幫助培養以神為中心的屬靈習慣。

　　第四個過程是——轉變。這個過程使我們成為神起初創造我們的樣式與身份——無論是成為祭司、先知，或君王——好讓我們可以在這世上顯出上帝的榮耀。這過程的「好消息」不僅僅是通往天堂的門票，更是上帝為著我們現今的生命所預備的恩典，好讓祂的旨意「行在地上如同行在天上」一樣。

　　我曾在四個不同的小組研討會中，教導這些主題；內容包含課程與實際操練，旨在幫助信徒更深入地了解如何在日常生活中培養敬虔的生命方式。雖然每個主題都可以分開學習，但是我建議循序漸進的學習，來建立穩固而有效的屬靈基礎。

　　我真誠盼望，隨著你一步步地走在這條「前行之路」上，你的生命將被轉化，漸漸活出基督的樣式，彰顯祂的榮美樣式。

前行之路的基礎

當上帝給予亞當吹入生命氣息時，上帝就確立了我們原有的樣式。現在的你，可能認為自己不是一個具有榮譽、尊嚴，和影響力的人。也可能覺得自己是不被保護的、不強大，甚至不尊貴。然而，主卻說我們是「作首不作尾，但居上不居下」（申命記第28章13節）的。我們要成為一個有影響力、有榮耀、及有尊嚴的人，即上帝當初創造我們的樣式（申命記第28章9-11節）。上帝為我們奠定的是一條屬靈的道路，這條道路影響著我們每天的生活步伐。當你走在人生前行的道路上，你就活出祂在地上尊貴的兒子或女兒的身份；從此，提升與轉化將成為你生命的一部分。

神是萬有的。上帝創造了世界和一切所有，神視這一切為好。當上帝創造了人類時，祂將自己的生命氣息吹入人類，這樣人類就可以擁有永生。永恆的生命不僅是時間的長短，更是與神一同分享祂的生命本質。上帝也給予人有選擇的自由，使人可以在祂與自我之間做出決定。如果人選擇上帝，就能與造物主完美地連結，生命也將在祂的旨意中順利前行；但如果人選擇自己的方式，便會與神的秩序產生不協調，就會失去這份和諧，甚至會走向高舉自我的方向，這正是撒旦的本質。人被賦予這種選擇的自由，是因為上帝想和人建立真實的關係。如果人不能自由選擇與神相交，那麼這段關係就變成是被動的安排，像是被遙控的機器人，無法建立真正的互動。

不幸的是，人在撒旦的慫恿下，人因為驕傲，選擇了順從自己的慾望，並還認為這是對自己好的。從那時起，人類便開始活在與神分離的狀態中。亞當和夏娃知道自己違背了神的

命令，但他們並沒有悔改，反而開始互相推諉責任，把錯歸咎於他人，甚至怪罪扮演蛇角色的撒旦。這種「控告的遊戲」從那時開始，代代相傳。他們的後代也一再選擇照自己的方式生活，持續違背神的旨意。他們不願順服神，罪也因此得不到赦免。結果，人類陷入一個惡性循環——不認錯、不悔改，卻不斷尋找對象來推卸責任，繼續玩著「控告的遊戲」。

於是，上帝將祂的誡命寫在石版上，目的是讓人們不會誤解這些誡命所反映的，是祂聖潔、公義本質的屬性。特別注意我所說的是：這些誡命的重點是「反映祂的本質屬性」，並不是「祂禁止他們去做什麼」。祂以誡命的形式提供一套行為準則，讓摩西頒佈給以色列人，教導他們當行的道。然而，人們仍然選擇不順從。神又派遣先知們代表祂說話，因為人們害怕直接面對這位大而可畏的神。幾個世紀以來，人還是持續走在一條驕傲的道路，與撒旦結盟，殺害、偷竊、並毀壞所有上帝為他們預備的東西。為了使人回到正軌，並保持他們原有的樣式，人的罪必須被除去。

自亞當墮落以來，人類一直在死亡的重壓下掙扎。這死亡不僅僅是肉體的結束，更包含了豐盛祝福的失落、人際關係的破裂、思想與情感的扭曲與枯竭。這是通向永滅亡的道路。人越是努力想要解決問題，事情就越糾結。犯罪的本性從此世代延續下來，成為人類困境的根源。

上帝將耶穌賜予世人，作為救贖的禮物，藉此赦免因罪而所應受的懲罰。正如《路加福音》第1章74-75節所說的，使我們在上帝面前坦然「無懼地用聖潔和公義侍奉祂。」試想，如果你每天都必須活在一種知道「遲早要為自己的過去與正在

犯的錯負責」的陰影中，即使再努力也無法抹去曾經犯下的錯誤，那將是多麼沉重的壓力與恐懼。然而，因為上帝對我們偉大的愛，祂渴望看到我們成為能反映祂榮光的人。上帝就差遣了耶穌——祂唯一的兒子——來提供解決之道：就是人的罪得以赦免。

在**屬靈原則**中，若罪要得到赦免，流血是必要的。舊約中公牛和山羊的血，雖然能在獻祭儀式中作為遮蓋，但它們只能對應於牲畜本身，並不足以真正除去人的罪。人類被亞當的罪玷污的，唯有無罪的人才能成為合格的代罪羔羊。因此上帝差遣自己的兒子耶穌降世為人。耶穌並未承襲亞當的罪，祂是聖潔無罪的，成了為人贖罪的完全祭品。律法的原則指出：罪不能不受懲罰，但律法並未說懲罰必須落在那個犯罪的人身上。耶穌就是那位替代我們受罰的無罪者。祂為世人的罪被釘上十字架，承受原本該由我們承擔的審判與刑罰。

流血是救贖的關鍵。耶穌不是死於窒息、絞刑、中毒或飢餓，而是被釘死在十字架上——這是一種血流出來的死亡方式。正是祂所流的寶血，使我們的罪得著赦免，不論是過去、現在，或是將來所犯的罪，祂都已為我們付上了代價。為了得到這美好的赦罪禮物，我們要親自承認我們需要一個救世主，把我們從永恆的死亡轉入到永恆的生命。永恆的生命勝於得長久的生命。永恆的生命包括永恆的愛、喜樂、和平、希望、和信心，還有上帝為我們準備的所有美好的祝福。

儘管耶穌的血對罪的赦免是永遠有效的，但這救恩並不會自行啟動的。我們必需要透過真誠的悔改和饒恕他人，來適當地支取寶血的大能。耶穌的血撒在聖潔和公義的道路上，引

導我們回到父神那裏。當我們願意悔改、選擇饒恕時，也就能讓自己與上帝的話對齊，使自己的生命行在這條由耶穌寶血所開出的道路上。

這是一條前行的道路，也是一條恢復之路。它能恢復我們的尊貴、權柄、能力、豐盛，並且使我們重新走入神起初為我們預備的命定。我們不再需要活在黑暗中，成為世界敗壞與罪惡體系的一部分，而是可以選擇屬於神的光明與真理。

01

第一章
心靈的醫治

耶穌在祂的事奉開始和結束時，分別給了兩條誡命，這兩條誡命就像書架上的書立一樣，為祂整個事工立下開端與總結。當耶穌受撒旦試探後，從山上下來時，祂說：「天國近了，你們應當悔改。」（馬太福音第4章17節）。這句話的意思是，天國已經臨近，幾乎近在咫尺，但要進入其中，人必須有所回應。這個回應就是悔改。

在《馬太福音》第6章14至15節中，耶穌強調要饒恕別人。「你們饒恕人的過犯、你們的天父也必饒恕你們的過犯。」

在《約翰福音》第20章23節中記載，當耶穌復活後第一次向門徒顯現時，祂賜下這樣的命令：「你們赦免誰的罪、誰的罪就赦免了，你們留下誰的罪、誰的罪就留下了。」耶穌把對付罪捆綁的權柄賜給了的我們，當我們選擇饒恕他人時，罪的捆綁就得以被鬆開；若我們拒絕饒恕，那捆綁便仍然存留在我們生命中。然而，這樣的屬靈權柄之所以能實行，是因為耶穌已經為世人的罪付上了完全的代價。只有在這救贖已完成的基礎上，我們才有能力去執行這項命令。顯然，耶穌並非偶然完成這件事。祂深知自己的使命，並且主動選擇走上十字架的道路，為我們成就了赦罪的根基，使我們也能活出饒恕與釋放的能力。

在《約翰福音》第13章2至8節這段聖經的場景中，耶穌為門徒洗腳。他們必須願意接受這個舉動。起初彼得表示抗拒，他不想讓耶穌在這樣的情境下為他洗腳。耶穌對他說：「我若不洗你，你就與我無分了。」彼得退縮了，因為他不願以這種謙卑的方式順服耶穌。同樣地，除非我們願意謙卑

地順服祂，並允許祂藉著我們的悔改來潔淨我們，我們就無法與祂有份。如果我們選擇不與耶穌同行，我們的光景並不會比以往更好。

耶穌來到世上的根本目的，就是藉著十字架的死亡，將上帝的赦罪之恩帶入這個世界。而唯有在真正悔改的地方，饒恕與釋放才會發生。

接著第13至17節說，「你們也當彼此洗腳。」耶穌怎樣吩咐門徒彼此洗腳，也同樣吩咐我們照樣去行。為他人洗腳，是一種謙卑的表現。換句話說，我們必須像耶穌一樣饒恕人。當我們真正饒恕時，我們就再不能把自己凌駕於另一個罪人之上，認為自己比對方更好。饒恕讓我們與他人站在同樣的位置。

我們作為基督徒的，也需要學習如何在生活中實踐這兩個「書立」。對每一個信徒來說，最重要的兩件事就是：悔改，和饒恕。

悔改

我們常聽說「悔改」的意思是「改變心思意念」。這的確沒錯，但它也意味著「改變行為方式」。那麼，為什麼當我們改變心意或嘗試改變行為時，最終卻還是重蹈覆轍，獲得相同的結果呢？

首先，讓我們來了解什麼**不是**「悔改」：（1）悔改不等同於向對方「請求原諒」。當我向對方請求原諒時，是在「要求他」做一件事——選擇原諒我；而悔改則是「我自己」要

做出改變的決定。舉例來說，我可以一邊請求對方原諒，一邊繼續向他丟石頭，這並不代表我真正悔改了，因為我仍然沒有停止錯誤的行為。（2）說「我很抱歉」和「對不起」只是道歉，不等於悔改。

真實的悔改，是在上帝面前承認我的行為不符合祂話語和屬性。這樣的承認可能是：（1）我做了一件神不接受的事情，或（2）我沒有做那原本該做的正確之事。當我選擇接受上帝的赦罪時，我就是邀請祂進入我的生命，讓祂來改變我。當我完全認罪悔改時，我其實是在放下自己按照己意行事的權利及理由，選擇在悔改中接受祂的方式來引導我的生命。

當在認錯悔改時，我們需要用口清楚地說出要悔改的事，因為「心裡所充滿的、口裡就說出來。」（路加福音第6章45節）。只是停留在內心的想法並沒有辦法將我們帶入光明；這樣的悔改會淪為一種空想，甚至可能變成無止盡的自我對話。這種無止休的自我對話只會增加問題，而不是解除問題。譬如有人說「我決定戒菸。」這是一個很好的目標，但若他只是依靠自己的意志力與方法去對抗吸菸的習慣，那麼內心對吸菸的渴望與試探仍會不斷出現，甚至變得更強烈。

如果這樣向主禱告：「主啊，我要悔改，不讓吸煙來損害我的肺部和身體；我也悔改，不用二手煙來傷害他人，不再把香菸當作情緒慰藉；我選擇不再依賴尼古丁，而是從祢而來的健康與能力中得著力量。」——那麼，這樣的認罪與悔改將觸及真正的問題核心，也將帶來神的赦免與醫治。當人誠實面對並說出這些深層的依賴與錯誤，罪的鎖鏈就有可能被打破，

綑綁可以斷開，人就能真正得著從神而來的自由與釋放。

那麼，為什麼我們經常在認罪並下定決心要改變之後，卻仍然無法真正改變，或停止那些錯誤的行為呢？悔改的深度，決定了我們所經歷的赦免或自由的深度。有時候，我們所認出的只是表層的罪，而更深層的問題仍被隱藏、未被處理。表面的錯誤雖然得到了悔改，但若更根本的動機、創傷或慣性未被揭露與對付，生命的改變就難以持久。真正的自由，來自於願意讓聖靈揭露那些深層的罪根，並選擇徹底悔改、根除它們。以下是一個例子，幫助我們看見罪如何分層地影響我們的行為與選擇：

✝ 如果你承認因為對你的孩子大吼大叫而悔改，但依然繼續如此行，潛在的原因可能是你對於孩子佔用了你很多的時間而覺得「生氣」和「生出埋怨」。這樣的悔改只是針對表面的行為，而未觸及內心深處對孩子懷有的怒氣與埋怨。真正需要悔改的，是你心中隱藏的情緒動機。行為之所以遲遲無法改變，是因為你的心還未被更新。

✝ 若你仍然對孩子們大吼大叫，並會覺得自己不是一個好父母。這比行為本身更深層，是一個關乎身份與自我價值的議題。此時，你需要為「自我定罪」而悔改。當我們定自己的罪時，就是讓自己坐在神的位置上，而我們並沒有能力赦免自己的罪。唯有耶穌的寶血能帶來真正的赦免。

✝ 如果你認為對孩子大吼大叫，會讓他們害怕而變得好起來，那麼，你需要向神悔改承認以「恐嚇」來控制他們。這與仇敵所用的「恐嚇手段」是一樣的，這並不符合上帝的方式。

✝ 如果你因工作感到沮喪而大吼大叫你的孩子，你需要悔改，因你把孩子當成情緒的出氣筒，這樣做就是得罪了他們。這正是從伊甸園就開始的「怪罪控告遊戲」。

✝ 如果這樣的行為持續不斷，請求聖靈向你顯明，揭露是什麼藏在你心裡，導致這些反應與行為的爆發。這些根源性的問題往往是我們拒絕面對的，也可能是我們根本沒有察覺的。也許這種行為是在你成長過程中學來的模式，但這並不代表它是可以接受的。現在，是悔改的時候了。

在認罪悔的過程改中，有三個層面的罪需要對付的：（1）我已經做了或沒做的行為。（2）隱藏在我行為舉動背後的的思想。（3）推動我行為舉動的情緒。在以上的例子中，（1）對孩子大吼大叫是行為舉動，（2）認為自己是壞父母是行為背後的思想，（3）憤怒和埋怨的情緒爆發正在推動著我的行為舉動。那麼問題的「核心」在哪裡？真正的根源是在我的心靈裡，也就是我需要與神建立連結的人性部分。我們的心靈包含了意志、思想與情感。我常把它比作一列火車：引擎代表意志，車廂代表思想，車尾廂代表情感。引擎是意志，車廂是思維，而車尾廂是情感。推動整列火車的，是我們的選擇。若我選擇尊重孩子，我的思想與情感也會隨之對齊；但若讓情感主導我的行動，我的生命就會像雲霄飛車一樣起伏不定，因為情緒本身沒有穩定的能力。神對我們生命最美好的計劃，是呈現在我們意志面前的邀請。我們可以選擇順從祂的道路，也可以選擇走自己的路。

回到上面的例子，當我們選擇悔改那些與神不一致的行

為、思想與情感時，我們就能重新站立，並繼續往前行。無論我們接受的是，（1）上帝的思想，（2）我們對自己的看法，或是（3）別人的意見，這都是取決於我們的選擇。撒旦會讓你相信你在這件事上別無選擇，但別忘了，撒旦是個說謊的人。這些選擇也許有限，甚至不是我們喜歡的，但它們確實存在。唯有從神而來的才是真理。每當祂的真理臨到，我們就有機會悔改，並進入祂的真理之中。選擇悔改吧。

當我們真心渴望離開罪的捆綁，聖靈總是樂意為我們指引出路。當我們願意深入面對罪的根源，就能真正得著自由。如果你的根本問題是憤怒和埋怨，那麼即使你不斷禱告求忍耐，也不會帶來釋放。你需要悔改。如果你正活在自我定罪裡，即使你不斷祝福你的孩子，也無法讓你得著真正的自由。你必須悔改。

下面是應以上例子需要悔改的例表：

第一層：身體層面 ………… 對孩子大吼大叫
第二層：情緒層面 ………… 憤怒和埋怨的積藏
第三層：意志層面 ………… 自我定罪
第四層：意志層面 ………… 操控他人以恐懼
第五層：情感層面 ………… 壓抑工作上的挫折感
第六層：身體層面 ………… 把孩子當作情緒出口
第七層：聖靈層面 ………… 等候啟示？

對上述例子的悔改禱告就如以下：

> 我為向孩子大喊大叫而悔改。
> 我為心中對孩子懷抱怒氣和埋怨而悔改。
> 我為自我定罪而悔改。

我為我使用恐懼手段來控制和操縱我的孩子而悔改。
我為我把工作上的挫折沮喪壓抑在心中而悔改。
我為讓孩子成為我情緒發洩的對象而悔改。
[若此時聖靈向你顯明還有其他不合神心意的地方，請悔改。]
主啊，我現在承認並悔改我的罪，求祢赦免我。奉耶穌的名，阿們。

不要太急著跳進祝福和祈求的禱告。舉個例子：「主啊，我為向孩子們大喊大叫而悔改，求祢祝福他們，讓他們變得更好，也幫助我有更多的耐心。」這種禱告並沒真正觸碰你內心問題的根源，過早認為問題的根源已被除去，便會放棄深入處理。我們應該求聖靈幫助我們面對並處理「所有」隱藏在內心深處的問題。

祝福他人當然是好的，但這並不是徹底破除生命中罪的答案。說好話、讚美他人、鼓勵他們，雖然能帶來正面的氣氛，卻不能清除我們裡面那些尚未被醫治、隱藏的傷口。那不是對付罪的正確解藥。唯有在耶穌寶血底下的真誠悔改，才是徹底對付罪、得著自由的唯一道路。

每個悔改層面可能包含多個構面，這取決於問題本身的複雜程度。在接下來的列表中，請誠實填寫那些聖靈不斷催促你悔改的領域。這將是你得醫治與自由的起點。

第一層：身體層面　＿＿＿＿＿＿＿＿＿＿＿＿＿＿
第二層：情緒層面　＿＿＿＿＿＿＿＿＿＿＿＿＿＿
第三層：意志層面　＿＿＿＿＿＿＿＿＿＿＿＿＿＿
第四層：意志層面　＿＿＿＿＿＿＿＿＿＿＿＿＿＿

第五層：情緒層面　_____
第六層：身體層面　_____
第七層：聖靈的啟示？_____

在你將悔改的內容寫在圖表上之後，請向主大聲說出來。這一點非常重要，因為你的話語是有能力的——「生與死都在舌頭的權下」（箴言第18章21節）。你需要讓你的心與頭腦親自聽見你所說的話。這樣做，不是因為神不知道，而是因為祂要你知道你在向祂承認什麼。祂也會讓你進入一些情境，來試驗你的內心，讓一切真實的狀態顯露無遺，不需掩飾。

　　主啊，我為_____向祢悔改。

當你已為聖靈向你顯明的所有事認罪悔改後，請大聲禱告以下這段話：

　　主啊，祢的話語說，我們若認自己的罪、神是信實的、是公義的，必要赦免我們的罪，洗淨我們一切的不義。藉著祢話語的大能，我接受並宣告這些罪如今已經被赦免。東離西有多遠，祢就叫我的過犯離我有多遠，並且不再記念這些罪。謝謝祢，耶穌，祢為我的罪流了寶血，使我得著赦免。我現在已經得著自由和釋放，在這件事上我不再被定罪，也不再活在譴責之下。奉耶穌的名，阿們。

只要聖靈繼續向你光照顯明問題，這樣的悔改禱告練習就可以一再重複。這些問題可能來自於工作、婚姻、教會、親戚、鄰舍、朋友、自己，甚至是對上帝的誤解。不要懼怕，因為藉著耶穌，我們可以坦然無懼地來到祂的施恩寶座前。撒旦

會告訴你：「神正在生你的氣。」但要記住，撒旦是說謊的！神並不是對你這個人發怒，祂是對那困住你的謊言和黑暗權勢感到忿怒。祂的心意是要你靠近祂，走進祂藉耶穌寶血所賜下的赦免與自由。

若你有一位值得信賴的基督徒同伴，願意陪伴你、聆聽你的悔改禱告，並與你一同禱告，那麼請讓他／她讀出赦免的禱詞，幫助你整個人浸泡在神真實的赦免之中。敞開心，全然領受神的饒恕與釋放。

饒恕

饒恕是基督徒生命中極為關鍵的一環，我們必須正確地明白並恰當地運用它。耶穌被在十字架上臨終說所說的最後幾句話，就是饒恕。祂饒恕了與祂同釘十字架的強盜，也饒恕了把祂釘在十字架上的人——包括眾人和祂最親密的朋友們。耶穌也把饒恕罪的權柄與使命交給了我們。若我們正確地應用饒恕，這將成為「在地如在天上」的關鍵鑰匙。基督徒在被冒犯時，需要說「我饒恕你」。然而，許多屬世的說法卻取代了這句話，例如：「沒關係」、「算了吧」、「沒什麼大不了的」、「不需要饒恕」、「我自己可以處理」。儘管這些話聽起來很有恩慈，但它們並不符合上帝的話語，也沒有「我饒恕你」那樣能夠破除罪的捆綁的大能。

宇宙間的律是按著秩序運行的，無論我們是否相信，它們都照樣有效。就像地心引力的定律一樣——不論人是否相信，它都真實存在並且發揮效力。同樣地，聖經中的「補償

律」也在屬靈界真實運作著，不因我們的懷疑而無效。沒有人能因「不相信地心引力」就脫離它的影響，補償律的屬靈作用也是如此，人人都在其之下。

什麼是「補償律」？根據聖經的說法，如果一個人使他人受到任何形式的傷害，那位加害者必須恢復受害者至受傷之前的狀態（甚至更好），並且再給予額外的補償，這樣才能「滿足」所欠的債與公義的要求（參出埃及記第22章1–5節，利未記第6章1–7節，民數記第5章8節）。換句話說：若有人損壞你的車，他必須修復它到原來，甚至更好的狀況，並再加上額外賠償。當這個條件被滿足時，這筆債就被償還，你也就無權再對他提出索賠。這種補償律在有形的物質層面上往往可行，因為損壞物質可以被更換或處理。但如果受傷的是無法恢復的東西——像是失去肢體、名譽被玷污、遭到不公義的監禁、失去摯愛的親人，或落入永久性的身心損害——那麼這類的傷害就無法透過補償來真正恢復或解決。然而，我們的靈魂卻仍渴望補償，想透過「討回公道」來關掉這扇受傷的門。這種罪所牽連的，可以延續多年，甚至到下幾代的子孫。

若這筆債無法通過補償律法得到償還，我們內心出於人性的渴望，便會尋求一種替代的方式來填補這個缺口。

1. 道歉

當補償不可行時，道歉通常是我們第一個期望得到的替代方式。道歉是一種言語上的表示，可以是書面的或口頭的，帶著懊悔或承認對錯的態度。我們期待聽到：「我很抱歉，我錯了。」雖然道歉可能暫時安撫我們的心，但它並沒有治好傷口。若遲遲等不到道歉，我們就會轉而

尋求——

2. 理由

理由是為了回答我們心中「為什麼那人會這樣對我？」的疑問。我們期望對方說出，比如：「因為我太粗心了」、「我不知道」、「我恨你」、「我嫉妒你」、「我當時以為……」等的話，即使這些聽起來多麼合乎邏輯，但也不足以修復破壞或帶來真正的恢復。若理由不足，或讓人難以接受，我們接著會尋找——

3. 解釋

解釋是一連串事實和數據的解說，用來合理化整個事件的來龍去脈。例如：「我和這自行車當時只有十尺的距離，當它衝到我的面前時，我只能往後跳，結果還是撞上了。」然而，再完整的解釋也無法撫平內心的傷痛或改變結果。若連解釋都無法提供，我們可能就會退而求其次地找上——

4. 藉口

藉口的本質是將責任轉嫁給他人或其他情境。我們善於為他人找藉口，目的只為讓那未竟的補償看起來有一點點著落，即便那只是虛弱又令人不滿的安慰劑。例如：「她今天諸事不順」、「他根本不知道發生什麼事」、「她當時身體不舒服」等等。

當被別人冒犯時，我們的確有權要求某種補償。但當我們選擇完全饒恕對方時，就等於放棄了要求補償的權利。饒恕，就是放下「我應得補償」的權利。如果不願意放棄這項權利，我們就會被困在與罪的關係中，無法真正得自由。我們也

會因為抱怨、嘮叨、埋怨、不良態度、甚至報復，而使他人因我們的罪惡而受「污染」。例如：若我一直重提一位同事在辦公室貶呼我一個討厭的名字、使我感到尷尬的事，而且不斷向他人傾訴，或表現出報復的心態，這些反應只會讓我與家人朋友的關係越來越疏遠。實際上，我並沒有解決原本的罪，反而讓罪擴大了影響力。只有透過饒恕，罪的影響才會真正結束。

真正的饒恕，是必須要用口說出來的。正如我們需要聽見自己的認錯悔改一樣，我們也需要聽到自己說出「我饒恕他」。這才能讓基督的光照進我們的心中，帶來真實的釋放與醫治。

主啊，我憑著意志的選擇，並順服祢的話語，選擇饒恕：[對方的名字]，因著他／她所犯的[具體的冒犯]。他不再欠我任何事——不需要補償、不需要道歉、不需要理由、不需要解釋，也不需要藉口。我百分之百釋放他，完全饒恕他。奉主耶穌的名，阿們。

不單只我們的思想，還有我們的心，都要準備好來饒恕。我們的意志必須選擇饒恕。如果你覺得這樣的饒恕過程不容易掌握，可以使用本段落末尾的「饒恕宣告圖表」來幫助你做視覺化的操練，確定自己真正在饒恕。當你一邊禱告時，一邊把手指放在每一個關鍵詞上。當你說著，「他什麼也不欠我，不需要任何補償」時，把手指從「補償」這詞移開，並在心裡感受那條罪的連結被斷開。照此方式進行其他四項（道歉、理由、解釋、藉口），當你完成時，請做以下這個禱告：

天父，祢的話說：我饒恕別人的時候，祢也赦免我。我已經完全饒恕 ＿＿＿＿＿＿ [對方姓名]。饒恕的恩

典現在流向我、在我裡面運行，也從我裡面而出。奉主耶穌的名，阿們。

接下來，請你求聖靈向你顯明：是否還有誰、或是哪些事，你需要從心裡真實地饒恕？就像悔改一樣，饒恕也是有層次的。饒恕「莎莉對我不再友善」，與饒恕「莎莉偷走我的津貼」或「挪用公司的公款」這種舞弊，完全不同等級的。有時候我們會想淡化別人的過犯，說那只是小事，以為這樣可以避免自己陷入論斷，或看起來比較有愛。其實這反而讓我們陷入虛假的謙卑，使真正的傷害深埋在心中、無法得醫治。所以，請你誠實面對、如實說出發生的事。

反覆操練這個「饒恕釋放」的過程，直到你在靈裡感受到自由為止。饒恕是一個選擇——今天就做出這個選擇。

當我們選擇放棄「補償的權利」，這是否意味著我們永遠不會再得著補償呢？不，神永遠知道什麼能使我們恢復完全，因此我們可以放心轉向耶穌成為我們的補償者。補償常常不是從我們原本期待的對象而來，而是從神預備的恩典中流出。以下是一個生活化的例子：

我正一邊散步、一邊吃著剛買的冰淇淋，這時一個冒失的人沒有注意看路，撞上了我，並把我手裡的冰淇淋打到地上去。我感覺被冒犯了，因為那本是屬於我的冰淇淋，現在卻融化在地上。對方可能只是笑一笑，或者壓根沒發現自己做了什麼錯事。按照補償的律法，他應該賠我一份冰淇淋——不論是撿起掉落的那份還原成原狀，還是另外買一份同樣好、甚至更好的來補償我。我有權利追討那份補償，但那人早已消失在人群中。

此時，店員目睹到了整件事的發生，好心地免費給我一份新的冰淇淋。但我固執地拒絕，並堅持要那個冒犯我的人來賠。接著，店長走過來，願意給我一份雙球冰淇淋作為賠償，但我仍不接受，因為我認定：「不是他給的，我不要。」甚至輪到店主向我提供了一份三球冰淇淋，我仍然拒絕，因為我還是抓著那冒犯者不放！若我願意放棄那個罪人必須賠償我的權利，轉向耶穌成為我的補償，我就能領受那一球、兩球、甚至三球的豐盛祝福！

　　耶穌以祂豐富的恩典補足我們一切的缺乏。祂所賜的補償遠超過我們所失去的——祂能用喜樂、愛、盼望、勇氣、朋友、恩寵、機會、晉升、榮耀、獎賞，甚至物質與財富來成全我們。受傷的源頭，不可能也成為我們得安慰的來源，它永遠不足夠。只有當你願意全然饒恕、徹底放手，你才會轉向耶穌，讓祂成為你的補償、安慰與真正的供應。

饒恕圖表

 不需要補償

 不需要道歉

 不需要任何理由

 不需要解釋

 不需要找藉口

完全人

亞當和夏娃是唯一沒有經歷嬰兒期和成長過程的人。他們一開始就是成年人。而其他所有人都是從無助、需要照顧的嬰兒開始，慢慢長大。上帝在伊甸園裡作為他們的父母，與他們建立了直接的親子關係。我們從祂與亞當、夏娃的互動中，可以看見上帝為人類設計的親子模式。

在孩子成長的過程中，父母需要提供四樣重要的事物：親密關係、界線、祝福和管理權。

親密關係

親密的關係可以讓孩子建立安全感和快樂感。有研究指出，如果孩子從小缺乏擁抱、支體接觸、談話，他們容易變得冷漠或疏離。親密關係是靠身體接觸和語言互動來建立的，例如孩子凝視父母、感受身體的溫度、聽見熟悉的聲音、牽著父母的手。聖經裡提到，上帝會在傍晚時分與亞當、夏娃同行、交談。父母應該撥時間陪伴孩子，傾聽他們的心聲，分享他們的歡樂與悲傷。

談話也是建立親密關係的重要方式。如果想了解對方，必需要與他交談。以前常說的「有品質的陪伴」比「長時間的陪伴」更重要。但後來發現，長時間穩定的陪伴更能讓孩子有安全感。比方說，父母每天接送孩子上下學的時間，比每週一次兩小時活動的影響還要深遠。通勤的時間可以交流日常生活的大小事，也能建立身體與情感上的連結。因此語言交通和身體所在處都是建立親密關係需要的。上帝每天都與亞當、夏

娃互動，雖然不知道他們每次見面是多久，但他們是在伊甸園裡互相了解的；而當亞當躲起來時，上帝還會去找他。

界線

上帝對亞當和夏娃設下「不可吃分別善惡樹果子」的界線。他們可以選擇聽從或違背。這也上帝是對人自由意志的尊重。當孩子愈來愈有責任感，這些界線可以逐漸放寬。沒有界線的孩子，容易失去方向、行為放縱、缺乏禮貌、無法做出適當的判斷。反之，界線過於嚴苛，則可能讓孩子變得壓抑、缺乏自信，甚至產生恐懼。適當的界線能讓孩子安全地探索世界，也能發展自我。這些界線可以是實體空間，例如嬰兒床、房間、學校、社區；也可以是行為標準，例如學會說「請」、「謝謝」、稱呼長輩、知道何時該安靜、如何尊重別人的物品等。

祝福

神賜福亞當和夏娃，要他們生養眾多。祂告訴他們要生養孩子，並希望人能在喜樂和與祂的關係上成長。父母也應如此，透過鼓勵孩子、讓他們每天進步，來祝福他們。要讓孩子有機會自由發展、發揮天賦，不要削弱和埋沒他們的才能或恩賜。當孩子經常被肯定、知道自己是被珍惜的，就是蒙受祝福的。

管理權

上帝給了亞當伊甸園的管理權。祂委派亞當管理園

子，並賦予他為園中一切命名的權利。這表示他擁有責任，也有主導權。孩子的成長過程中，也需要逐漸學會管理自己的生活。從小決定開始，例如挑選衣服、安排功課順序、決定什麼時候做家事等，都是訓練的過程。這些非關生死的小決策，有助於培養判斷能力。如果孩子從小沒有機會練習，長大後面對複雜情況時，可能就難以下決策。父母應以身作則，示範如何管理好自己的時間與責任。

當然，並不是所有家庭都能完美落實這些原則。有時因為父母的無知、生活壓力、個性差異或其他情況，使得某些部分過度或不足。但這不代表我們就必須一生失衡。神創造了我們，也知道我們需要什麼來恢復平衡與整全。如果我們願意尋求祂，祂會幫助我們走回正軌。

在下面的列表中，請根據「親密關係、界線、祝福、管理權」這四方面，評估自己的成長情況。要記住，我們的行為往往受到主觀感受影響，而不一定基於事實。例如，一個叛逆的孩子可能會覺得父母太嚴格，即便父母其實相當寬容。又如，若父親是軍人，習慣用軍隊的方式管理家庭，孩子也可能會認為規定太多。這些感受，無論是否符合事實，都是個人的真實經歷。

使用1-5的評分等級，將以下五項對於你父母的形象進行評分。（1-無；2-不夠；3-適量；4-超過所需要；5-過量）

親密關係　：
界線　　　：
祝福　　　：
管理權　　：

你是否順服，會大大影響你對父母在「親密關係、界線、祝福、管理權」這四方面的感受與印象。如果你是個性強硬的孩子，總是抗拒上床睡覺，那你可能會覺得父母設下的界線太過嚴厲。如果你習慣從電玩中尋找安慰，而不是從父母那裡得到關愛，即使他們在身邊，你所建立的只是虛假的親密感。如果你總是要爭第一、事事都要贏，那你所追求的是虛假的祝福。如果你不願分享、凡事都要依照自己的方式，那你所追求的其實是控制，而不是正確的管理權。

當你依據自己的觀察完成對父母形象的評估後，也請對自己在「順服」這方面做出評分。（1-總是不聽話；2-有時不聽話；3-一半的時間聽話，一半的時間不聽話；4-大部分聽話；5-總是聽話）

親密關係 ：
界綫 ：
祝福 ：
管理權 ：

請將這些帶到主面前，並請求祂彌補你父母的不足之處，也求祂挪去那些過度的要求，使你的生命得以平衡。然後，為自己過去不順服父母教導的地方，向神誠心悔改。

請用心、緩慢地禱告以下內容：

天父，奉耶穌的名，我求祢賜給我祢原本為我預備的親密連結。我為自己曾經與不屬於祢的人事物建立錯誤連結而悔改，特別是（請說出來）。我也饒恕那些未能與我建立親密關係的人，尤其是＿＿＿＿＿＿。〔請暫停，讓聖靈恢復你內心正確

的親密連結。]

天父，奉耶穌的名，我求祢使我生命中的界線恢復秩序。我為過去違背界線的行為悔改，特別是（請說出來）。我也饒恕那些曾對我設下不合理界線的人，尤其是_____；以及沒有為我設定適當的界線的_____。[請暫停，讓聖靈光照這些領域，並在你心中作調整。]

天父，奉耶穌的名，我求祢將祢為我預備的祝福充滿我。我悔改承認自己曾緊抓虛假的祝福，特別是（請說出來）。我也饒恕那些曾經吝於給予我祝福或過度溺愛我的人，尤其是_____。[請暫停，讓聖靈調整你領受祝福的心。]

天父，奉耶穌的名，我求祢將合宜的管理權放在我生命中。我悔改曾奪取不屬於我的權柄，或拒絕承擔我應負的責任，特別是（請說出來）。我也饒恕那些未曾將合宜的管理責任託付給我的人，尤其是_____。[請暫停，讓聖靈在你裡面帶來平衡。]

主耶穌，謝謝祢使我恢復完全，好讓我能按著祢的旨意而活。阿們。

這不是什麼神奇魔法，而是選擇讓主開始調整那些從小建立起來的觀念，使它們與祂的話語一致。當你這麼做，你會開始用不同的眼光看事情，你的行為也會改變，更貼近祂的真理。這是一個逐步的過程。唯有當你願意承認並承擔責任，才有可能被改變。你若選擇隱藏或緊抓不放，那些部分就不會改變。主不會強迫你改變你不願改變的，祂也不會勉強介入你沒有開放給祂的領域。祂完全尊重你的自由意志。

尊榮你的父母

地上的每個人都有一位父親和一位母親，這是科學也是我們肉身被創造的方式。這樣的安排是上帝親自設立的，很明顯，祂認為這是重要和美好的安排，我們不應質疑祂。

申命記第5章16節——「當照耶和華你神所吩咐的，孝敬父母，使你得福，並使你的日子在耶和華你神所賜你的地上，得以長久。」

瑪拉基書第4章6節——「他必使父親的心轉向兒女，兒女的心轉向父親，免得我來咒詛遍地。」

路加福音第1章17節——「他必有以利亞的心志能力，行在主的前面，叫為父的心轉向兒女，叫悖逆的人轉從義人的智慧，又為主預備合用的百姓。」

如果我們想要與上帝建立「祂是我們天父」的關係，我們就需要修復自己與地上父母之間的關係。讓我們來談談什麼是「尊榮父母」。尊榮父母，並不表示我們要不分對錯地照做他們所有的要求。有些時候，我們並不想順服，但除非這件事對自己或其他人是帶來損害的，否則明智的做法就是順服——像是倒垃圾、午夜前回家、不要載陌生人等等。

我們最常不尊榮父母的，是我們的態度。如果我們經常抱怨、出於反感而頂撞、批評、論斷，甚至對父母說出傷人的話，那麼我們就違背了上帝的心意。尊榮也包括我們如何「間接地」對待他們——例如批評、在他人面前貶低他們、說他們的壞話、責怪他們、常常抱怨他們，這些都是對父母的不尊榮。

要真正尊榮父母，我們需要處理與父母之間一切因罪而

來的糾結。他們對我們所做錯的，需要得到我們的饒恕。我們對他們所虧欠的，也需要我們認罪悔改。這不關乎「他們應得的」或「這不是我的錯」的問題。無論發生過什麼，總得有人先選擇釋放，而感謝主，我們可以將一切交給祂，讓祂幫助我們悔改、得自由。

我們是有能力去選擇這個方向。耶穌透過祂所流的寶血，使我們與我們的父母和好。這正是祂使父親的心轉向兒女、兒女的心轉向父親的方式。這是神蹟，但我們也需要主動踏出，參與其中。

馬太福音第3章10節——「現在斧子已經放在樹根上、凡不結好果子的樹、就砍下來、丟在火裡。」

童年時期的傷害常常會在我們的生命中結出壞果子。如果我們願意回到與父母之間罪的根源，這些由他們帶來的傷害就可以得著醫治。我們不必再因過去的創傷而一瘸一拐地過生活。此時的重點，不在於父母是否配合我們、是否接受我們的饒恕，或是否變得更加愛我們；而是在於自己真正要做的，是把這些傷口帶到耶穌面前。當透過悔改和饒恕來釋放罪的連結時，我們就是在讓聖靈在我們的人際關係中動工。我們需要在這個過程中與主合作。不論是我們或父母都可以先跨出第一步，而這第一步，也許就由我們開始比較好。

與已故父母之間的罪的連結，往往是最難被打破的一種。耶穌昨日、今日、直到永遠都不改變，因此祂能觸及我們的過去——對祂而言，那就是「現在」，祂能醫治我們那時所受的創傷。若父母在我們年幼時就離世，孩子心中可能會對父母的早逝懷有未被察覺的怨懟——如：他們太早離開、遺棄了

我們、沒有陪伴我們成長、或將我們交給其他親人或寄養家庭。這聽起來似乎不合邏輯，但在靈裡，年幼的孩子常會如此感受，覺得失去了原該由父母供應的天然照顧。再多的理性解釋，都無法真正撫平這樣一顆破碎的心。即便父母已離世、尚未和好，孩子的內心仍可透過耶穌得著釋放與修復。唯有饒恕，才能醫治並釋放這顆受傷的心。

當你將受傷的心帶到主面前時，請留意以下幾點：
† 要具體說明。
† 如果主讓你想起某段記憶，就勇敢面對它。
† 不要刻意遺漏任何你知道的事情。
† 不必太情緒化，但要誠實面對自己。

尊榮你的父親

以下是一些比較常見，父母會對孩子做出的傷害行為。請記住，你的觀感會比事實強烈。如果你感覺曾被冒犯，這代表那些傷害已經駐扎在你的心中，是時候處理並釋放它們了。

若父親曾經用以下任何的錯誤行為對待你，饒恕他：

拋棄、虐待、酗酒、批評、設定宵禁、咒罵、欺騙、不尊重、吸毒或毒品問題、早逝導致的缺席、無知、冷漠、不公正、辱罵或貶稱、忽略或疏忽照顧、缺乏保護、使家庭陷入貧困、限制過多或控制、粗暴無禮

讓我稍微解釋一下上面提到的一些項目：
† 不公正：你因為自己沒有做過的事情而被懲罰或責備。也許你的兄弟姐妹總是被優待，凡事都比你優先，讓你感到父母偏心。

✝ 虐待：可能是身體上的（如被毆打、被打耳光）、精神上的（如被欺騙、規則反覆變動）、情緒上的（如常被嘲諷），或性方面的（如遭到性侵、騷擾、不當言語）
✝ 缺乏保護：當面臨危險時，父親沒有挺身而出保護你。
✝ 無知：父親對你的學校、運動或日常活動一無所知，甚至提供錯誤資訊或不良建議。
✝ 批評：父親總是挑你毛病，否定你或你所做的一切。
✝ 過度管制：父親對你的限制不合情理（例如，禁止你參與學校演出的角色）。

現在，換成你來承認悔改對父親的過犯：

憤怒、說壞話、怨懟、批評、詛咒、破壞、不服從、不尊敬、酗酒、爭吵打架、憎恨、傷害、論斷、謊言、貶稱、叛逆、埋怨、拒絕、蓄意破壞、出言頂撞、顛覆權威

讓我對上面的一些再詳細說明一下：

✝ 說壞話：經常在別人面前貶低父親。
✝ 破壞：刻意損壞父親的物品。
✝ 爭吵打架：與父親發生肢體或言語衝突。
✝ 叛逆：明知父親的要求，卻偏要作對。
✝ 蓄意破壞：破壞讓父親感到快樂或滿足的事物。

以下是一份幫助你與父親和好的工作表。若聖靈向你啟示具體的問題，請誠實詳實地寫下來。請記住：當你立定心志要悔改並饒恕時，撒旦反而不會讓你看到那些罪，因為他不希望你把這些罪帶到十字架前，從而使他對你的掌控失效。自我辯解是他最大的謊言。凡是浮現在你心中的事，都要選擇悔改與饒恕。

饒恕父親所犯的事	悔改你得罪父親的地方
_____	_____
_____	_____
_____	_____
_____	_____
_____	_____

你可以使用另外的紙張做以上列表。填完清單後，請做以下這個禱告：

我為自己得罪父親的罪悔改。[請讀出你列出的每一項]。求祢赦免我。主啊，祢的話語說，我可以坦然無懼地來到你的施恩寶座前，向祢承認我的罪，祢是信實的，公義的，必要赦免我的罪，洗淨我一切的不義。我接受祢的饒恕。

主啊，我饒恕我的父親以下，[請讀出你列出的每一項]。他不再欠我什麼——不需要補償，不需要道歉，不需要理由，不需要解釋或藉口。我全然釋放他，百分之百饒恕他。

主，祢的話語也說：當我饒恕人的過犯、天父也必饒恕我的過犯。謝謝祢，現在祢的赦免之恩流入我的生命，在我裏面，而且覆蓋著我。感謝祢使我與父親和好，奉主耶穌的名，阿們。

現在，請深呼吸，讓聖靈親自釋放你。感謝主使你內心與地上父親恢復和好的關係。斷開與地上父親之間因罪而來的綑綁，是你與天父建立正確關係的關鍵。你對地上父親的態度，會深刻影響你對天父的態度。

接下來，請大聲讀出下一段「身為你的父親」，就好像

是你的父親在對你說話。讓這些話語進入你心中，服事你。很多時候，我們的心靈渴望從曾讓我們失望的父親口中聽到這些話。現在，聖靈藉著你自己的聲音來成就這一刻。並非每一項都適用於你，但請領受那些對你有意義的話語。

身為你地上的父親，我想對你說：對不起。我沒有盡到作為一位愛你的父親應盡的責任，我深感愧疚。我為以下的事向你道歉：
- 批評了你；
- 當你需要我的時候，總是不在你身邊；
- 沒有教你如何做一個敬虔的女人或男人；
- 在言語上、情感上、性方面，或身體上傷害了你；
- 對你撒謊；
- 在你需要支持時沒有挺身支持你；
- 拋棄你、拒絕你；
- 當你渴望親近時，我卻將你推開；
- 沒有教導你是界線何在；
- 威脅你，或以其他方式使你感到懼怕；

請饒恕我。我也為我曾犯下的以下事情向你認錯：
- 酗酒；
- 濫用毒品；
- 不忠、犯奸淫；
- 放縱情慾；
- 與你母親離婚；
- 再婚，給你找另一位母親；
- 長期陷入憂鬱中；
- 對世界充滿怒氣；
- 偏愛你的兄弟姐妹；

- 做了許多對你不利的選擇。

　　請饒恕我。我不再為自己找藉口，我想告訴你：我愛你。你對我來說是很珍貴的。我感謝主耶穌——祂在我虧欠你的地方親自彌補，使我們可以在祂完全的愛中安息。

　　我愛你。——爸爸

尊榮你的母親

　　請用下面的圖表和工作表，針對你的母親進行同樣的操練。再一次提醒自己：我們常常是根據自己的感受與認知來作決定，而不一定是根據事實。

　　如果母親曾經用以下任何的錯誤行為對待你，饒恕她：

與你爭吵、背叛、用利誘操控你、抱怨、批評、對你要求過多、讓你感到羞愧、操控你的罪惡感、疾病、沒有給你指引、沒有表達愛、沒有陪伴、給你太大壓力、限制你過多、自我中心、太忙碌、不接納你、對你缺乏愛或冷淡

　　現在，換成你來承認悔改對母親的過犯：

與她爭吵、叛逆、抱怨、咒詛、責罵、違背她的教導、不尊重、表裡不一、操控行為、在背後議論她、忽略、說謊、編造故事誤導她、私下抱怨、叫她難聽的名字、無禮、冷戰

　　讓我稍微解釋一下上面提到的一些項目：

† 爭執：你不能與她討論意見差異，幾乎每一件事都要相互爭論一番（驕傲）。

† 責罵：責備母親做錯事，或因她過時保守的思想而挖

苦她。
† 不尊重：包括對母親叫難聽的名字、做輕蔑手勢、翻白眼、扮鬼臉等行為。
† 虛假行為：假裝一切都很好或很糟，只為達到自己的目的（操控）。
† 冷戰／沉默對待：用冷處理來故意傷害對方，是一種情緒性的攻擊手段。

請使用上面的清單來辨認需要處理的罪。

饒恕母親所犯的事	悔改你得罪母親的地方
_____	_____
_____	_____
_____	_____
_____	_____

　　您可以另外使用一張紙來書寫更多聖靈提醒你的事項。祂會藉由你對過往事件、態度、與情緒的記憶來光照你。當你按照聖靈的帶領完成列項後，請禱告如下：

　　　　主啊，我為自己得罪母親的罪悔改，尤其是這些：[請讀出你的清單]。祢的話語說，當我向祢承認我的罪，祢是信實的，公義的，必要赦免我的罪，洗淨我一切的不義。靠著耶穌的寶血我領受罪得赦免。

　　　　主啊，我現在饒恕我母親對我所犯的罪，尤其是：[請讀出你的清單]。我完全饒恕她，她不再欠我什麼──沒有補償，沒有道歉，沒有理由，沒有解釋，也沒有藉口。我百分之百釋放她。感謝祢在我選責饒恕時，也饒恕了我。憑著信心我我憑信心領受祢

的赦免臨到我、在我裡面運行、圍繞我,也透過我流出。奉主耶穌的名,阿們。

請深深吸一口氣,讓聖靈用祂的赦免擁抱你、安慰你。

請大聲朗讀下一段「身為你地上的母親」,就好像母親親自向你傾訴。讓你的靈魂敞開,領受這些話語對你的服事與醫治。再次提醒:不是每一項都適用於你,但請謙卑領受那些真實觸動你心的內容。

我想告訴你:對不起,孩子。我沒有盡到一位愛你的母親應盡的責任,我深深懊悔。我為以下的事向你道歉:

- 批評你、詛咒你;
- 當你需要我的時候,總是不在你身邊;
- 沒有教你如何做一個敬虔的女人或男人;
- 在言語上、情感上、性方面,或身體上傷害了你;
- 對你撒謊;
- 在你需要支持時 沒有挺身支持你;
- 拋棄你、拒絕你;
- 叫你難聽的名字;
- 當你渴望親近時,我卻將你推開;
- 沒有教導你界綫何在;
- 威脅你,或以其他方式使你感到懼怕;

請饒恕我。我也為我曾犯下的以下事情向你認錯:

- 酗酒;
- 濫用毒品;
- 不忠、犯奸淫;
- 放縱情慾;
- 與你父親離婚;

- 再婚,給你找另一位父親;
- 長期陷入憂鬱中;
- 對世界充滿怒氣;
- 偏愛你的兄弟姐妹;
- 做了許多對你不利的選擇。

請饒恕我。我不再為自己找藉口,我想告訴你:我愛你。你對我來說是很珍貴的。我感謝主耶穌——祂在我虧欠你的地方親自彌補,使我們可以在祂完全的愛中安息。

我愛你。——媽媽

現在你已經走完這一段醫治與和好的旅程,你已經把斧頭砍在「不尊榮你父母」這個罪的根源上,並使你的人生與神的話語對齊。讓主有機會在你與父母的關係中動工。這一切是為了改變你自己,不是他們。他們或許沒有改變,但是你們的關係會因為你的改變而有所不同。繼續聆聽聖靈的聲音。當更多的事情浮現在你的思緒腦海中時,繼續選擇悔改和饒恕,直到所有罪的根源都被顯明、被砍除。你將會被釋放,而且會愛得更深、更自由,就像基督那樣愛人;也將能與天父建立一個真實親密的愛的關係。

02

第二章
成聖

「被揀選成為聖潔」

以弗所書第1章4節

在本書的第一部分，我們學到：使自己與神保持連結是極其重要的。當我們接受耶穌為生命的主和救主時，我們就得著了一個極大的特權——可以悔改、可以饒恕，藉此讓耶穌的寶血潔淨我們的罪。悔改和饒恕使我們能夠與上帝對齊保持一致。就好像你參加了童軍計畫，卻從未出席任何聚會，也未曾實際參與任何活動，那你只是在名義上是童軍，卻未曾活出童軍的實質。同樣的，我們若接受耶穌為救世主和生命的主，卻沒有活出這份信仰，那我們也僅是名義上的基督徒，只是回應了救恩的呼召，卻尚未真正走上基督徒的生命旅程。接受耶穌進入到我們的生命，只是這旅程的開始。

在我年幼時，我和朋友被邀請一起去教會。父親把我送到本地的一間公理會，在那裡我認識了一些小學朋友。我喜歡主日學裏的音樂、遊戲、故事和手工藝。那時我天真的以為，只要和基督徒在一起，便可以成為一位基督徒。升上七年級時的時候，我開始在一個聖公會附屬學校上學。那是一間由「顯聖容姐妹會」（Sisters of the Transfiguration）所營辦、以高學術水準聞名的學校。學校的課程包括每天出席早會、午間禱告和宗教學習課程。這一切對我而言既新鮮又充滿吸引力，我越來越喜愛教會相關的一切事物。我那時仍然認為自己是一個基督徒，畢竟我的生活幾乎都是沉浸在基督徒的活動中。但是我開始注意到，我和那些受洗並堅信禮確認的朋友有點不一樣。他們曾經正式向基督做出承諾，他們的生命中有一個我所缺乏的來源。那時我才明白：一個基督徒，不僅僅是「和基督徒一起」，和「參加基督徒的活動」。真正的信仰，需要親自回應神。於時，在初中時，我對基督做出了委身承諾。在十三歲生

日的那個月份,我接受了洗禮與堅信禮。雖然當時我說不出那是什麼樣的經歷,但我卻感覺到自己內心真的變成了一個全新的人。

彼得前書第2章9節——「唯有你們是被揀選的族類,是有君尊的祭司,是聖潔的國度,是屬神的子民,要叫你們宣揚那召你們出黑暗、入奇妙光明者的美德。」

本章要將探討「成聖」的功課。我們過去所有累積的舊習慣、錯誤的思維模式、對罪的愧疚感,以及偶像崇拜,都必需要被洗除淨盡,這樣我們才能活出聖潔,反映出基督的樣式。成聖所處理的是,我們的內心狀態。就像是你報了名去參加馬拉松比賽,卻從未訓練備賽——你根本無法應付長跑所需的體能與堅持。同樣地,如果基督徒不在成聖上操練,便可能無法承擔屬靈的使命,也沒有足夠的屬靈韌力完成神為他們所預備的道路與命定。我說的並不是死後上天堂而已,而是指在地如同在天的生活,並活出被創造的目的。一個好的開始固然可喜,但真正重要的是如何完成這場生命的旅程。保羅在新約中屢次提到「忍耐」與「毅力」的重要——這些品格不會一夕之間自動出現,而是透過不斷操練、歷練而被培養出來的。

彼得前書第1章13-16節——「……但那召你們的既是聖潔,你們在一切所行的事上也要聖潔;因為經上記著:『你們要成為聖,因為我是神聖的。』」

悔改與饒恕的能力,能使我們保持在正確的屬靈位置上,讓「屬靈狀態的操練」發揮真正的果效。也正是因為我們有悔改與饒恕的能力,這樣的操練才有可能實現。悔改和饒恕讓你在神面前無可指責,使罪的影響與權勢無法掌控我們的

生命。撒旦會來欺哄，說我們不可能成為聖潔。但是上帝不會要求我們做祂知到我們無法達成的事情。我們也許無法獨自完成，但與祂同工，所有的事情都變得有可能——尤其是成為聖潔這件事。

人的構成

帖撒羅尼迦前書第5章23-24節——「願賜平安的神親自使你們全然成聖。又願你們的靈、魂與身子得蒙保守，在我主耶穌基督降臨的時候，**完全**無可指摘。那召你們的本是信實的，他必成就這事。」（粗體為作者強調）

我們的全人遠大於各部分加起來的總和。然而，我們仍需要認識這些構成我們的各個部分，好讓我們能整合為一個真正完整的人。一個完整的人需要被完全地成聖。靈、魂、體三個層面都必須運作正常，才能成為一個整全的人。

（1）**身體**（Body）——神創造了我們的肉身，好讓我們通過外在身體表現自己。我們有著不同的體型、膚色、外貌與文化背景——因為神喜歡多樣化。撒旦則試圖用捆鎖來控制我們的身體，阻止我們從事任何能榮耀神的活動。情慾、癖癮、毒品、酒精、淫亂，和放縱飲食導致的肥胖等，都是撒旦用來轄制我們身體的捆綁手段。

（2）**魂**（Soul）——魂是人的自由意志、思想和情緒的居所。上帝給予我們自由意志，讓我們選擇是否愛祂、是否侍奉祂。若沒有選擇的能力，我們就會成為機器人，而不是自由意志的代理人。上帝不操控我們，祂以愛來吸引我們，因祂渴望與我們建立真正的關係。關係只有在雙方都願意的情況下才

能發展。祂先選擇了我們,然後等著我們主動選擇祂。然而,我們也有能力選擇那些不討祂喜悅的事。撒旦通過污穢我們的思想來控制我們的魂——如種族主義、恐懼、仇恨、羨慕和嫉妒等,都是他用謊言編織的網羅。撒旦會試圖剝奪我們做選擇的自由,強迫我們順從他的意思。他沒有道德情操,也不講公義原則。

(3) 靈 (Spirit) ——我們的靈,是神向我們吹氣所賦予的生命之氣,是我們與神相連的部分。當我們敬拜祂的時候,是我們的靈將神的聖潔浸透在我們生命中,使我們與祂親密連結。然而,當我們敬拜其他的「神」或把某些事物放在神的位置上,我們的靈就會被玷污。任何取代神的事物,都會削弱我們與祂之間的靈命連結。

早在伊甸園的時候,撒旦就開始透過試探來使人脫離神所設立的次序,意圖顛覆我們的靈、魂、體這三個層面。當然,人有選擇拒絕誘惑的自由,但人卻沒有這樣做,他選擇了不順服。首先,撒旦針對身體的飢餓與慾望下手——那果子看起來「好作食物」;再來,撒旦挑戰人的自由意志,引到他根據自己的理性判斷來做選擇——「上帝對你有所保留。」最後,撒旦挑戰人的敬拜。敬拜是從順服而來的,人不選擇順服上帝,反而選擇了順服自己,聽從自己的判斷。這正就是撒旦所需要的破口,好讓他竊取人原本在地上所擁有的權柄與治理地位。

耶穌在曠野中面對了同樣的誘惑試探,但祂做出了正確的選擇,給出了亞當在伊甸園中應該要給撒旦的正確答案。其實撒旦對神的兒子也用相同的策略,作出試探!撒旦想要是

我們的「敬拜」，而不是我們所擁有的「東西」；但他卻使用這些「東西」來誘惑人心。首先，他試圖使用挑動耶穌身體的需要與慾望，說：「你若是神的兒子，就吩咐這些石頭變成食物吧。」四十天的禁食，的確讓肉身極度飢餓。接著，撒旦誘惑耶穌依使個人的理解來試探上帝：「若你跳下去，神會救你的。」但上帝並沒有命令耶穌這麼做；若這樣跳下去，就是在試探神。最後，撒旦深知：我們敬拜什麼，就賦予敬拜對象權柄與影響力。我們可以敬拜舒適安樂、幸福、教育、技術、一份工作、家庭、甚至敬拜自己。撒旦的目標是引導我們，除了上帝之外，敬拜他或「任何其他事物」。唯有當我們敬拜上帝時，我們才能戰勝撒旦的詭計。凡是出於人自己力量的，都無法勝過撒旦的權勢。

定罪與悔罪

我們常會因為無法分辨「定罪」與「悔罪」的差別而感到混亂。「定罪」是來自於魔鬼的，而「悔罪」則來於聖靈的。兩者都會使你意識到自己的罪，從撒旦而來的定罪，充滿控告與羞恥，讓你一直陷在罪中，受良心的責備。而聖靈所顯明的罪，會引導你離開罪，帶你進入悔改與恢復的道路。

羅馬書第8章1-12節——「如今那些在基督耶穌裡的，就不定罪了。……」

魔鬼會對你說：「你永遠都改變不了的，你已經把人生浪費了；你走到這個地步，已經沒有回頭路了。」但聖靈會說：「停下來！不要再往前走了。轉回來，離開這條錯誤的路。你是可以改變，也會被改變的。你不需要活得這麼迷茫

了，悔改吧！」在聖靈裡，藉著耶穌的血悔改和饒恕後，總會有一條出路。上帝永遠都接納一顆破碎痛悔的心，所以，奔向祂，而不是躲避祂。

身體/器皿 *(The Body/The Vessel)*

上帝創造了我們奇妙的身體，為要彰顯祂的奇妙作為。就像一幅無價的名畫，世上只有唯一的原作，我們每一個人，都是祂手中的原創傑作。神也賜下提醒與警戒，好保護祂這份獨一無二的藝術品。

彼得前書第 1 章 13 節——「…… 謹慎自守 ……。」
羅馬書第 6 章 11-14, 17-23 節——「……不要容罪在你們必死的身上作王。……」
羅馬書第 12 章 1-2 節——「……將身體獻上當作活祭，是聖潔的，是上帝所喜悅的，……」
加拉太書第 5 章 19 節——「情慾的事都是顯而易見的；就如淫亂、污穢、放蕩、……」

《以弗所書》第 4 章 19 節說到：「既然他們已經麻木，就放縱情慾，貪婪地行種種污穢的事。」以下這些事情／物，都可以玷污我們的身體：

† 成癮包括任何你失去掌控的領域，或任何掌控你生活的事情（運動、鍛煉、處方藥物、毒品、酒精）。成癮會毀掉你的生命，使你喪失做出明智選擇的能力。它們會要麼使你的身體負擔過重，要麼讓你變得懶散無力。

哥林多前書第3章16-17節——「……**你們**是上帝的殿，……」（粗體為筆者所加）

✝ 你自己造成的身體傷害，或他人加諸於你的傷害，也是玷污身體的一種。自殺的想法是摧毀身體的罪。

✝ 你或他人是否曾詛咒過自己的身體？說它醜陋、虛弱、有病、衰敗……甚至說你不喜歡自己的頭髮、雙腿、眼睛等等，都可能讓你的身體產生自我拒絕的反應。

彼得前書第4章3節——「因為往日隨從外邦人的心意行邪淫、惡慾、醉酒、荒宴、群飲、並可惡拜偶像的事，時候已經夠了。」

✝ 身體虐待包括：故意造成身體傷害、自殘、割腕、長期睡眠不足、過度飲食、濫用毒品或酒精。

申命記第27章20-23節——「亂倫是禁止的。」

✝ 不合法或違背神設立的性行為會玷污後代，並可能帶來疾病或導致身體機能失常。

以弗所書第5章31節——「為這個緣故，人要離開父母，與妻子連合，二人成為一體。」

創世紀第2章24節——「丈夫和妻子連合。」

馬可福音第10章7-9節——「夫妻不再是兩個人，乃是一體的了。所以神配合的，人不可分開。」

✝ 性關係僅限於在婚姻之約中的一男一女伴侶之間。

民數記第15章39節——「不可賣淫（為其他東西出賣自己的身體）」

哥林多前書第6章16節——「豈不知與娼妓聯合的，便是與

他成為一體嗎?因為主說:『二人要成為一體。』」
† 婚姻之約以外的性關係是通姦行為(無論是強姦還是雙方自願的性行為)。
† 在婚姻之中,與配偶以外的人發生性關係,就是奸淫。

我們的身體可以透過認罪、悔改和饒恕而得以潔淨。

為身體成聖的禱告

請在下列每一類別中,具體寫下你已知的罪,並求聖靈向你顯明,身體上還有哪些領域需要被潔淨與成聖。當你完成清單後,請誠心地讀出以下認罪禱告。

主啊,我為這些我曾犯下、玷污我身體的罪,向祢悔改認罪:
我悔改我曾傷害自己身體的行為:[列表]
我悔改我曾對身體的詛咒:[列表]
我為我曾在身體上犯下的性方面的罪悔改:[列表]
我悔改我曾虐待自己身體的方式:[列表]

主啊,我也選擇饒恕那些曾對我身體犯罪與傷害的人(如:虐待我的人、誤診的醫生、不忠的配偶、羞辱詛咒我的人等):[列表]

祢的話語說,當我們把罪帶到祢的跟前的時候,祢是充滿憐憫慈愛的,是信實和公義的,祢必赦免我們的罪,洗淨我們一切的不義。我現在領受祢的赦免寬恕和話語的潔淨。感謝上帝。阿們。

(請安靜等候,讓聖靈親自來潔淨你、服事你。)

許多人告訴我,當他們做了這個禱告之後,他們確實感

覺到一種真正的洗淨——就好像洗過澡一樣，或者像剛從烘乾機裡取出的乾淨衣服那樣清新潔淨。願你也如此蒙福。

魂/決策者 (The Soul/The Decision Maker)

彼得前書第1章13節——「所以，要準備好你們的心，謹慎自守，……」

我們的「魂」比較複雜，因為它由有三個部分組成：意志、思想和情感。而這三者常競爭想得到主導地位，掌管我們的行動與選擇。意志是我們行動的最終決策者，而思想和情感則有具大的影響力。因此，這三者與神對齊、彼此合一，是很重要的。如果我們選擇讓意志順服遵從上帝，那麼思想和情感就自然也會跟著調整、順從。舉例來說：我選擇去上班工作，因為這是我必須履行的責任與承諾。但我的思想可能這麼說：「我每天工作，我需要休息。」我的情緒可能說：「我寧可去海邊，或睡覺。」尤其是當我們不想做某些事情時，這樣的掙扎就會特別激烈。這就是為什麼我們要讓意志成為「火車的引擎」，思想是中間的「車廂」，而情感則是「守車」（尾車）。若把情感放在火車的前頭當作引擎，那麼，我們的生命就會像坐雲霄飛車一樣起伏不定，沒有穩定與紀律。但若以思想作為引擎，那麼，這火車也可能永遠走不出火車站。

思想像孩子一樣

哥林多前書第13章11節——「我作孩子的時候，話語像孩子，心思像孩子，意念像孩子，既成了人，就把孩

子的事**丟棄了**。」（粗體為作者強調）

✝ 一個孩子通常只會根據當時情況，和他有限的生活經歷作出決定。

✝ 一個成熟的人則有能力基於知識、真相、事實和經驗去做選擇。因著成熟所帶來的認知能力，我們能夠思考抽象的事物，所以不會被當前的處境或過去的經歷所限制。

✝ 不論是「幼稚」或是「天真」，兩者都可能帶來問題。因為這兩種狀態都容易被困在眼前的環境裡，看不見長遠的方向。幼稚的人經常以自我為中心，認為世界都應該圍繞著他們而轉動。過於天真的人則可能顯得單純，容易受到傷害。聖經鼓勵我們追求靈裡的成熟。

我們的自由意志是上帝所賜下的極寶貴的禮物，使我們得以與祂建立親密的關係。然而，沒有紀律的自由意志可能會變得非常危險，因為它本身沒有秩序感。我們的意志需要成聖，好使我們遵守上帝設立的秩序，與祂保持正確的關係。上帝在宇宙中建立了秩序和法則，一旦秩序被打亂，後果就會隨之而來，而這些後果就被稱為審判。然而，我們憑己意設定自己的判斷標準時，我們就是在試圖取代上帝的秩序。

《馬太福音》第7章1-2節說：「你們不要評斷別人，免得你們被審判。因為你們怎樣評斷別人，也必怎樣被審判；你們用甚麼量器量給人，也必用甚麼量器量給你們。」

根據神的秩序及後果的法則，讓我來用現代語意「重新詮釋」這段經文：

「不要以你自己的聰明與想法，去建立一套以你個人理

解與經驗為基礎的秩序與後果系統。因為你怎樣偏離我原本的秩序和原則,那偏離也會按樣返還到你身上。你怎樣憑自己的眼光與標準評斷他人,那樣的衡量方式也會被用來衡量你。你不會例外,因為我是個公平的審判主。不要試圖凌駕於我之上。如果你執意如此,你將會無形中啟動一連串會限制你自己的後果。」

判斷本身應該是中立的,正確的判斷是基於事實和隨之而來的後果。例如從高處墜落的磚塊,是對於地心引力的「判斷」所產生的結果。把車停在禁止停車區,隨之而來的後果是會收到違規罰票。這也是個根據違規的事實所「判斷」的結果。

若我們根據事實和可預見的後果來作出決定時,我們是在做出選擇,這種選擇常被稱為「判斷」。如果我的朋友有三次魯莽駕駛和四次超速駕駛記錄,根據這些信息(事實),那我為了自身安全而決定不乘坐他開的車,是一個理性的決定。但如果我因此認定對方是一個「不負責任的混蛋」,那麼我就犯下如《馬太福音》第7章裏所警戒的批判罪。這種審判是對一個人本質、性格與價值的定罪,而非行為的評估。這樣的論斷,最終也會按同樣的方式臨到我自己。

在這節的討論中,我們把會這類基於主觀感覺或片面認知所下的定論,稱為「論斷」。當我們根據自己的觀點、偏見,或情緒,對世界或人下結論時,這種論斷將會變成一座心靈的堡壘,將我們鎖在不健康的思維模式裏。這樣的系統一旦建立起來,生命就會失去平衡。例如,我斷定所有的律師都是騙子,那麼我對每位律師都會帶著負面態度;甚至會有意識或

潛意識地收集證據來支持我的偏見。如果有一天我真的得找律師幫忙，我一邊批評，一邊又需要他們的幫助，這只會讓自己看起來很可笑；更可悲的是因為自己卻根本無法相信律師，所以得不到適當的幫助。這樣的論斷會影響，甚至攔阻我信靠基督，因為耶穌就是我在天上的中保（律師）。

以下是一些因錯誤的論斷而阻礙關係發展的例子：

1. 參加橄欖球比賽的人都是粗魯的、不尊重人的。

    結果：我立刻排斥那些要參加橄欖球賽的人。我也無法享受觀看橄欖球賽的樂趣。

2. 看電視是在浪費時間。

    結果：當家人看電視時，我會感到很生氣，而我自己完全不敢看電視，因為我害怕浪費時間。

3. 上大學的人比我聰明。

    結果：當我知道對方上過大學時，會覺得自卑和有壓迫感，因此害怕參與談話，也無法自在地與對方建立友好關係。

「堅固營壘」（strongholds）是一種無形的堡壘，是由一塊塊支持「我們自己的真理」的證據所砌成的磚頭所構築而成。這些證據往往來自於過去的經歷，並支持了一個根深蒂固的信念，使人長期困在過去的現實裡。就像相機裡存了上千張來自同一個重要事件的照片，而且背景全都一樣，久而久之，那個背景就成了我們看事情的固定參照。如果我童年曾經被狗嚇過，我就會害怕狗，並認為每一隻狗都會傷害我。反之，若我從小與一隻溫馴親人的狗一起長大，我就會認為每隻狗都友善而無侵害性的。堅固營壘會讓人失去對例外情況的彈性與認

知空間。

「邪靈建立的營壘」（demonic strongholds）就像眼罩一樣蒙蔽我們，使我們無法看見神話語的真理。童年的傷痛會像種子一樣埋在心裡，最後長成結出壞果子的樹。如果我始終抓住「我媽媽她總是不在我身邊」的論斷，那麼我回憶起來的，就永遠只會是她缺席的時刻。我會看不到，也無法感激她那些真正在我身邊的時光。這種對媽媽的反感不但會綑綁我自己，也會無意中冒犯別人，特別是媽媽。

「內在誓言」（inner vows）與「堅固營壘」相似，但它們是透過我們對自己的論斷所建立的。這些誓言會吸引我們最害怕的事情發生。舉幾個例子：

† 「我什麼事都做不好。」（結果常犯低級錯誤。）
† 「我就是容易發生意外事故。」（經常絆倒、撞傷等事故不斷。）
† 「我太醜陋，沒甚麼吸引力。」（因此總是把自己藏起來。）
† 「我絕對不要變成像我媽那樣。」（誓言建立在母親的缺點上，最後自己卻也表現出這些缺點。）

「自我形象」（Self image）是我們為自己塑造出的一張內在圖像。這形像可以是正面，也可以是負面的，但無論是哪一種，它都是出自於自己的想法和渴望。這個「自我形象」可以是根據過去的經歷、他人的評價、我們認為別人如何看自己、或者是我們渴望想成為的樣子來建立的。然而，這樣的自我形象也可能成為一種堅固營壘，攔阻我們活出那與基督相似的內在形象。「基督的形象」（Christ image），是指神透過

祂的話語為我們所畫出的真實樣貌。藉著基督的形象，我們才能真正看見神起初創造我們的樣子，也能活出聖經所說上帝眼中我們的樣子。

「論斷性的決斷」是堅固營壘的核心。以下是一些通常構成堅固營壘、並結出壞果子的要素：

† **論斷**：根據環境所作出的定論，認為事情就是這樣。
† **怨恨**：用負面的態度保護自己所下的斷定。
† **悖逆**：抗拒任何與自己定論不一致的事。
† **苦毒**：從傷害中長出的深層信念，強化既有的定論。
† **不饒恕**：堅持自己是對的，不肯釋懷。
† **被拒絕感**：相信自己是不被接納的。
† **自以為義**：自己定標準，不只要求自己，也要求他人。
† **報復心**：想要以報復來償還自己所受的傷害。
† **憤怒**：混合上述所有情緒的劇變。

這些內在的決斷有時是有意識做出的，有時是不自覺地累積而來。不管怎樣，它們都成了堅固營壘的食物，使你無法領受神為你預備的最好。現在就求聖靈光照你，指出有哪些錯誤的決定需要被除去。

請認罪悔改你對別人所下的論斷——那些使你無法前行的定論。（提示：你在哪些方面曾批評或否定過別人？）

請寫下你曾下過的這些定論：

_____
_____
_____
_____

主啊，為我所立下的那些定論＿＿＿＿＿＿向祢認罪悔改。我悔改內心所藏的怨恨、叛逆、苦毒、憤怒、不饒恕、自以為義、被拒絕感與報復的心。求祢赦免我。我奉耶穌的名棄絕一切支持這些論斷的證據。現在我斷開這些論斷對我生命的轄制，並宣告我已得釋放與自由。聖靈啊，求祢在我裡面建立屬祢的聖潔根基與心思意念，阿們。

若你有多個內在的論斷，請一項一項地照此模式悔改處理。

請為你心中立下的內在誓言（對自己不利的定論）悔改，這些誓言使你無法領受上帝美好的福分。即使這些誓言是無意中立下的，它們仍然會限制你。求聖靈光照你，使你知道哪些需要悔改與釋放。

請寫下你曾立下的內在誓言：

_____
_____
_____
_____
_____

主啊，我為我所立下的內在誓言＿＿＿＿＿＿向祢悔改。我悔改我內心藏有的怨恨、叛逆、苦毒、憤怒、不饒恕、自以為義、被拒絕感與報復的心。求祢赦免我。我奉耶穌的名棄絕一切支持這些論斷的證據。現在我斷開這些誓言對我生命的綑綁，並宣告我已得釋放與自由。我邀請聖靈來到我裡面，建立祢聖潔的根

基與結構。阿們。

省察你對自己的看法，寫下你心中對自己形象的描述。若你塑造了一個與神話語不一致的自我形象，請為此悔改。

主啊，我悔改自己以不符合祢的話語的方式來看待自己。我承認我曾形容自己是＿＿＿＿＿＿。請赦免我。如今我也饒恕自己，饒恕我曾否定、貶低自己。我靠着祢的話語知道，當我選擇饒恕時，我也必得上帝饒恕。謝謝祢讓我得着自由釋放。阿們。

每當聖靈向你揭示祂想要你得釋放的地方時，請使用上述格式。請記住：「主的恩慈引導我們悔改」，我們也因此得着自由釋放。

心靈/生命之氣 *(Spirit/The Breath of Life)*

根據《創世記》第2章7節，神將祂的純潔和聖潔的生命吹入人裡面。撒旦則企圖玷污這份純潔的生命氣息，好使我們被牽引離開神的命定，落入與他為伍的陷阱中。撒旦只有在我們自己開門讓他進入時，才有機會將屬靈的污穢帶入我們裡面。這種開門往往是有意的，也可能在不知不覺間發生。撒旦是詭詐的，他會透過欺騙引誘我們，不知不覺地打開通往他權勢的門戶。因此，神的誡命要我們不可以敬拜任何其他神明，這正是祂為保護我們所設下的屬靈界線。

✝ 不要詢問其他神靈關於未來。（利未記第19章26節）

✝ 不要參與占卜、觀預兆、用法術、或行巫術邪術。（申命記第18章10節）

✝ 不可向通靈人求問，就像掃羅尋找招魂婦人一樣。（撒母耳記上第28章3-15節）

✝ 不要收集關於占卜或巫術邪術的書籍和文章。（使徒行傳第19章19節）

　　請誠實問問自己以下問題：

1. 你曾否閱讀、研究或接觸過神秘學、巫術或邪術的書籍或實踐過相關活動嗎？
2. 你是否曾經有迷信的習慣？例如依賴幸運符、護身符，或害怕打破鏡子、看到黑貓？
3. 你是否曾去詢求通靈師、算命師、占星師、數字學家，或參與通靈、招魂的聚會？
4. 你是否曾經被催眠，或在潛意識不清的狀態下被操控？
5. 你是否知道家族中曾有人從事巫術、通靈或相關活動？
6. 你是否玩過與黑暗勢力相關的靈異遊戲？（例如《龍與地下城》等桌遊或角色扮演）
7. 你是否沉迷觀看與巫師、吸血鬼、狼人等相關的電影或影視內容？

　　為幫助辨識，以下是常見屬靈污染來源的說明：

1. 神秘學（Occult Practices）—— 是指通過信念和占卜技巧來嘗試掌握未知：

    ✝ 如占卜板、塔羅牌、算命、占星術或以催眠術進入過去或未來。

2. 崇拜其他神明的宗教體制 —— 凡高舉別神、否認耶和華是

獨一真神的體系，包括但不限於：
+ 佛教、印度教、伊斯蘭教、耶和華見證人、基督教科學、統一會、共濟會、自我實現。
+ 你是否曾經成為某位宗教領袖、靈修導師、上師（如古魯或斯瓦米）的追隨者？

3. 偶像崇拜（Idolatry）—— 是對其他神的敬拜：
+ 硬體偶像崇拜：包括敬拜觀音，巫毒娃娃，毗濕奴和釋迦摩尼佛像等雕刻神象。
+ 軟體偶像崇拜：將任何事物看得比神更重要，譬如工作、食物、配偶、運動、金錢、教育、自我等。

4. 撒旦獻祭敬拜的儀式（Satanic Practices）—— 這類做法是明目張膽或隱晦地與撒旦立約，或進行崇拜的行為，屬於極深的屬靈玷污，包括但不限於：
+ 向撒旦或黑暗靈界獻祭（例如動物或血祭）
+ 參與撒旦崇拜聚會、黑暗儀式、詛咒儀式等。

　　撒旦利用我們的無知來欺騙我們進入魔鬼的領域。然而，「無知」並不能成為犯罪的藉口。聖經從未說「無知的罪可以被免除」，只有被悔改後的罪才會被赦免。就連無心犯下的罪，也同樣需要認罪悔改，否則仍會帶來屬靈的死亡與隔絕。聖靈會在合適的時候揭示我們過去所不察覺的罪，是出於祂的慈愛，要帶領我們悔改，從而得著赦免與自由。

　　因此，請你省察是否曾參與過任何讓你接觸聖靈以外之靈的活動。這些事可能使你的靈受玷污。請重新查閱上文所列的定義與例子，邀請聖靈光照你內心的景況，顯明需要悔改潔淨的地方。

	我的牽涉／經歷
神秘學：	
其他宗教體制：	
偶像崇拜：	
撒旦崇拜儀式：	

　　主，我為這些讓我的靈受污穢的罪向祢認罪悔改。[讀以上你所列出的項目]。我饒恕那些曾經打開這些門的人，包括我自己。祢的話說，只要我們認自己的罪，祢是信實、公義的，必要赦免我們，洗淨我們一切的不義。我現在憑著信心，藉著耶穌的血，領受祢的赦免。我也因著選擇饒恕，得著祢的饒恕與釋放。聖靈啊，求祢用神的話語來潔淨我，洗滌我裡面的污穢。我現在關閉所有向錯誤、不潔、和邪靈敞開的門，並奉耶穌的名用祂的寶血封住這些門。

　　謝謝你，耶穌，因祢的寶血洗淨了我，讓我得著自由和釋放。阿們。

（請特別注意，切勿因出於好奇而涉獵與邪靈、邪教有關的資料。若你確實被神呼召進入這類屬靈釋放或爭戰領域，必須緊緊跟隨聖靈的引導與遮蓋。）

總結

　　悔改和饒恕使你能處在領受上帝恩典的正確位置上。

靈、魂、體的成聖，使你預備好自己去領受並活出神的美善。然而，成聖不是一次完成的事，而是一個持續進行的過程。

在我們成聖過程中，持守成聖的狀態至關重要。當你與耶穌同行得越親密，祂會一步一步向你顯明生命中仍需要被對付、潔淨與分別為聖的領域。既然你已經踏入了成聖的起點，也初步學習如何進行這項屬靈的操練，未來當你發現更多需要成聖的部分時，請使用本手冊所提供的步驟與禱告模式，作為幫助與指引。

第三章
稱義

在世俗社會中，「義」可以表示與任何人的標準或命令對齊。一個人在政府、組織中，甚至自己眼中，都可以被視為正直的。但在基督教信仰中，「義」是指與神的話語、聖經對齊。「義」的生命展現為：行事正直、品格端正、道德純潔、因信稱義，並與神建立正確且親密的關係。

到現在為止，我們已學習到悔改與饒恕，是行走在義的道路上兩個關鍵的信心實踐，它們就像是同一枚硬幣的兩面。當我們悔改和饒恕時，就得以進入因耶穌死而復活所賜的義。正如第二章所解釋的，成聖讓我們進入一個能活出義的生命狀態。我們也需要學習如何持守在這條義的道路上。義關乎我們與上帝的關係。任何偏離神的道路，都會讓我們遠離祂的同在和祂為祂為我們預定的計劃。

關於義，有兩個重要術語值得留意：無罪（sinless）與無可指摘（blameless）。神原本要亞當藉著順服，與祂有交通與連結。然而亞當在這點上失敗了，使得人類從此無法成為無罪。無罪，是指從未有過罪；唯有耶穌能宣稱祂是無罪的，因祂由聖靈感孕，並一生順服，甚至順服至死。無可指摘則是指罪曾經存在，但如今已被除去。基督來，使我們「在祂面前聖潔並無可指摘」（參路加福音第1章74-75節）。上帝從不預期亞當的後代能夠「無罪」，但祂呼召我們成為「無可指摘」的人——這是藉著耶穌基督所成就的恩典。當我們悔改和饒恕時，耶穌的寶血就臨到我們，潔淨我們的罪，使我們得以成為無可指摘的。我們就與神和好，得以聖潔無玷地站在父前。

願祢的旨意成就

　　當基督徒禱告說「願祢的旨意成就」時，就需要學會如何明白神的旨意。耶穌作為完全的人，透過順服聖經中的律法、律例和誡命，以及在禱告中與神直接交通，來明白父神的心意。《羅馬書》第12章1-2節告訴我們，當我們不再效法這個世界，轉而按著神的話語更新思想，就能分辨出神那美好、蒙祂悅納且完全的旨意。

　　這節經文也啟示我們：神的旨意有不同的層次——美好的、蒙祂悅納的，以及完全的。你可以想像一個三重同心圓的靶心：外圈是神美好的旨意，中間是蒙祂悅納的旨意，中心是祂完全的旨意。地球上的每一個人都活在上帝良善美好的旨意裏。正如《馬太福音》第5章45節所說：「祂使日頭照好人，也照歹人，降雨給義人，也給不義的人。」無論你是在郵輪上、田野裡，還是在監獄中，太陽依然升起。上帝「美好」的旨意是賜給每一個人，而不是精選的少數。若你仍活著，你就是活在上帝良善美好的旨意中。

　　「蒙祂悅納」的旨意，是指那些在祂誡命與律例界線之內的生活方式。以農作為例：若人在春天播種、秋天收割，他就行在神所設立的自然法則中，也就是祂悅納的旨意裡；反之，若不按季節耕種，那麼你就不是行在蒙神悅納的旨意裏，將失去收成。同樣地，那些按照上帝律法——不殺人、不偷盜、不姦淫、不作假見證、不貪戀他人之物——生活的是處於蒙祂悅納的旨意裏。其他誡命、律例和法則，為我們劃定了蒙悅納之旨意的邊界。當我們生活在蒙神悅納的旨意之下時，我們就可以期待結出神所悅納的果子。

感謝主，凡願意悔改的人，都可以歸回神所悅納的旨意之中；而不悔改的人，則只能停留在祂美好的旨意裡。有些人會選擇遊走在美好與蒙神悅納的旨意之間。他們只在某些方面是以蒙祂悅納的旨意的生活，這些人會發現自己無法進入那豐盛的生活。要生活在蒙神悅納的旨意中，就必須要選擇悔改，讓我們的生名彰顯出正直及公義，反映上帝的品格。當我們如此行時，神的悅納也帶來一份從祂而來的豐盛。

上帝的「完全」旨意就是為了你而設立的。在創世以前，上帝已經計劃好了你的命定。正如《詩篇》第139篇16節所說：「你所定的日子，我尚未度一日」，你在地上的這個時間及地點，絕對不是錯誤或意外的，而是上帝精心的安排。上帝對於我和你的完全旨意，或許會不一樣。上帝可能會呼召你成為一名醫生，而讓我成為一個秘書；兩者對神的國度都極其重要。祂按著命定賜下恩典與計劃。即使我選擇成為一名醫生，在世人眼中也算成功，但若我拒絕去回應那命定中要研發新醫療程序的計劃，只因為我不想工作太久，或因沉迷於財富帶來的安逸感，那麼，即使我是一位出色的醫生，我也無法從這樣的選擇中得著真正的滿足，靈裡也將長久經歷乾渴與不安。若我不追求神對我身分與方向的呼召，就會錯失祂原本要傾倒給我的全備祝福。許多有恩賜的人，因為只選擇了神「美好」的旨意，而停止不前進並錯過了「蒙神悅納」和「完全」的旨意。他們不但錯失自己應得的祝福，也讓天國原本能藉著他們流出的祝福失落了。

神對我們每一個人所定的完全旨意，常常是有季節性的。在我生命中的一個季節，是一名學生，努力學習如何成為

一名教師。接下來的季節，成為一名課堂老師。再之後，我受召成為一名妻子和母親。然後，進了房貸產業，如今，我是一位禱告侍奉者。我們不必在每個任務中都完美無瑕，但要竭力超越現狀，忠心完成每一個神所交託的責任。因為每個任務都是下一季節的根基。許多任務之間也會重疊，例如，當我還是一位母親時，也同時在辦公室上班；在工作中，我為同事和辦公環境禱告，並用我教學的恩賜來指導新員工。神從不將生命劃分區塊，祂常常同時在多個層面動工，每一個計劃都有多重目的，彼此互為成全。

我們無法單靠自己完成命定。我們必須主動回應主的呼召，選擇跟隨耶穌，走上這條命定的道路。這一步不是自動發生的，我們必須作出的選擇與委身。

保羅在《羅馬書》第8章29-31節中告訴我們：我們是被預定的、受召的、稱義的、被賦予能力的，也將要得著榮耀的。在這當中，我們需要充分運用神所賜的「自由意志」。神主要呼召我們跟隨耶穌並順服祂，我們需要用「是的」來回應祂的呼召。若神命定你成為一名醫生，而你卻不願意為此學習裝備，那麼這命定將會長期被擱置，甚至被錯過。你也許被命定要成為一位偉大科學家的母親，那位科學家會發現阿茲海默症的治療方法——但你仍必須選擇走進那角色。在上帝眼中，沒有哪一個目的或角色是微小的，祂看顧每一個細節。

無論你的命定是什麼，神早已預備好你所需的一切。這種「預定」，並不是指「無論你做什麼，最終的結果都會自動成就」；而是指你生命中所需的資源、潛能與恩賜，都已封裝其中——就像一盒蛋糕粉，裡面已經預備好主材料，只要你願

意加上一些你手邊可得的原料,並開始行動,命定的果子就能成形。

你生命被轉化的過程,就像從蛋糕粉製作蛋糕一樣。想像你自己就是一盒蛋糕粉:

✝ 你需要加水——水就像神的話語,澆灌在你裡面。
✝ 你需要添加食油——油象徵恩膏,使你與超自然的維度接軌。
✝ 加入雞蛋——與耶穌同負一軛(yoked,而非yolk)
✝ 放進烤箱裡烤五十分鐘——你也需要在聖靈的火中經歷一段時間的熬煉。

若蛋糕烘烤時間不足,它不會膨脹,內裡會黏膩,既無法食用也無法裝飾;若你急於完成,過早將其取出,它就會塌陷、也無法供人享用。若你試圖減少烘烤時間,卻將溫度提高一倍,蛋糕極可能被燒焦。所以,神的時間極其重要。

當吃蛋糕時,你不會嘗出水、蛋與油各自的味道,卻知道它們都必不可少。這些原料在烘焙中被轉化,成為一體。同樣地,當你被神轉化時,你生命中各樣的成分也被融合、更新,成為一個合祂心意的整體。

上帝稱你為義是什麼意思呢?「稱義」的意思,是使人歸正或者使事物調整,與神對齊。就像一頁左對齊的版面,所有的文字都整齊排列在左側;透過耶穌的寶血,上帝將罪從你的生命中除去,好讓你可以與祂的話語對齊。稱義是神為人預備的恩典,但並非自動臨到,你必須悔改與饒恕,才能領受這份恩典。當你的罪被赦免除去時,在神的眼裏就成了聖潔、無可指摘的人。「無可指摘」意味著罪如今已完全不在了,因此

你被神稱為義了。

所謂「呼召」，是神向你發出的邀請與方向。在你選擇接受呼召，並被耶穌的寶血洗淨之後，就可以被聖靈充滿，引導你走在命定的道路上。當被聖靈的超自然能力充滿，你將能夠活出神放在你裡面的所有潛能。相反地，若你不回應呼召、不發展這些恩賜，它們就會進入休眠，甚至被罪惡所埋沒。儘管如此，它們還是在那裡等待著被賦予完整的生命。神的呼召與恩賜是祂所賜的，不可撤回。我們將在本章稍後更深入討論這個主題。

如何知道自己是否行在神完全的旨意中？

神對你生命完全旨意的線索，往往藏在群體當中。《以弗所書》第3章14-21節提醒我們：「能以和**眾聖徒**一同明白基督的愛是何等長闊高深。」（粗體為作者強調）這表示，我們需要彼此同行，才能明白神的愛和祂的心意。這樣的群體不僅包括教會，也延伸到你生命中的各個關係層面。以下是幾個生活領域與其中可能出現的關鍵人物：

✝ 教會：牧師、小組長、服事領袖、代禱夥伴、教師、宣教與外展同工
✝ 家庭：配偶、子女、直系親屬、擴大家庭、非血緣但如同親的人
✝ 職場：主管、同事、下屬、合作夥伴、供應商
✝ 朋友：老友、摯友、一般朋友、泛泛之交
✝ 生活支援網絡：銀行員、經紀人、理財顧問、會計師、醫

師、牙醫、清潔店、雜貨商、健身教練、園丁、水電工、木匠、樹藝師、律師等

✝ 其他：休閒活動夥伴、社團、運動團隊

請寫下你所在群體中具代表性的成員：

家庭：

職場：

朋友：

教會：

生活網絡／事務往來（如銀行、醫師等）：

其他（如社團、隊伍等）：

然後，請誠實思考並回答以下問題：

1. 你的社交圈是否屬於「蒙神悅納的旨意」？他們的言行是否符合神話語的原則？
2. 你是否常與活出正直與公義生命的人來往？（考慮他們的行為、言語、思想和計劃。）
3. 是否有需要調整的關係？你是否該遠離某些人？或更刻意培養與某些人的連結？
4. 這些人是否支持你對神呼召的回應？他們是否鼓勵你走在命定中？
5. 如果你是一名學生，他們對你的學習是幫助還是攔阻？
6. 如果你的工時較不固定，他們是否願意配合或主動關心？
7. 他們是否真正理解你的處境？何以見得？
8. 你在哪些方面需要拓展或深化自己的人際關係網絡？

請求主幫助你建立正確的連結、做出必要的調整，好讓祂的完全旨意能在你身上實現。

你也需要留意自己的才幹、技能與心中渴望。如果你是一位出色的籃球員，也許主正呼召你在體育領域為祂發光。神渴望在社會的每一個領域都有祂的代表——無論是執行長，還是守門人，祂都有一個為你預備的位置。上帝並不呼召我們為「獨行俠式基督徒」。獨行俠是指那些想要單打獨鬥、不願接受幫助、獨自完成神工作的信徒。這與那些被神呼召進入獨處與禱告生活、但與神保持深度交通的人是不同的。

職業的晉升不總是出於神。多年前，我在一所公立初中學校擔任音樂教師。當時身邊的同事們幾乎都渴望「升任」到高中教職，因為那樣的職位似乎有更高的聲望，和較多公開曝光的機會。我剛好有機會短暫代課高中音樂，但我心裡卻極度不安，那個職位並不適合我。我屬於初中課堂，那些學生讓我心中充滿喜樂。感謝神沒有讓我「升遷」。

要行在神的完全旨意中，就是**在祂指定的時間、位於祂安排的地方，做祂為你設計的事**。

請用上面的問題來評估你的社交圈，把自己定位在蒙神悅納的旨意中，這樣你就可以踏入完全的旨意中。

信心宣告：

主啊，我選擇走向祢美好的、蒙祢喜悅的、和完全的旨意裏；去做祢呼召我做的事情，在祢所指定的時間裡順服前行。願祢的旨意成就在我生命中，如同在天上。阿們。

「甜甜圈」生活

稱義不是一次性的事。沒錯，當我們接受耶穌為救主和

生命的主時，我們就被神稱為義；但活出公義的生命，遠比這更深、更持續。要真正活在這樣的義中，我們必須實踐本書第一與第二章所教導的屬靈原則。

與主同住在中心

起初，我以為活出公義的生命，就是不斷跪下來禱告。雖然保羅教導我們要「常常禱告」，但現實中怎能讓所有事都停下來？就在那時，主藉著一幅圖像讓我看見我當時的光景。

想像一個圓被分成數個扇區，就像一個派餅。每一個區塊代表我生命中的一個角色：母親、妻子、老師、志工、主日學老師、女童軍領袖……其中一區是「禱告室」。每個部分在圓圈外面都有一扇門。我總是從圓圈外進入禱告室，快速地向神傾訴、讀經、求助，然後立刻奔向下一個任務。我的生活完全繞著外圍在轉，始終忙碌奔波。

直到有一天，我筋疲力竭、心力交瘁，走進禱告室向主傾心吐意。主溫柔地光照我：我需要饒恕那些傷害我的人，也要承認，是我固執地用自己的方式行事，才讓許多事變得複雜難行。

當我真心悔改後，所有重擔瞬間脫落，並且感到久違了的輕省與甦醒。正當我準備起身回到原來的循環中時，主說：「別從那裡出去，來更靠近我。」當我更深地進入祂的同在時，我發現自己已經站在圓的中心──甜甜圈的空心處。那中心代表一種「向己死」、「倒空自己」的狀態。這看似令人害怕的空無，卻帶來真正的自由與安息。我從此不再繞行圈外，而是從中心出發，能自由流動於每個角色之間。而原本枯燥的

區塊,如今充滿光亮與生命。我覺得自己剛強起來、也清新起來。主說:「這就是與我一同住在中心的生活。」我稱這樣的生活為「甜甜圈生活」(donut living),也叫「中心生活」(holely living)。

唯有當我們悔改、饒恕,等候主,我們才能走入中心,進入祂的同在,從那裡出發,在各個角色與責任中穿梭,而不再迷失自己。祂是我們的供應者,是我們的公義。

當我們活在祂的公義裡,而不是依靠自己的努力,祂就會照祂為我們命定的道路加添能力;當我們順服與祂同行,祂也必在我們生命中得著榮耀。

除去絆腳石

生命中那些負面的議題,常讓我們情緒被困、心中難受。它們令人不舒服,即使我們多麼希望它們不存在,也不能憑著意願讓它們消失。有些是我們自己造成的,有些則源自他人。無論起因為何,它們都成了我們生命中的絆腳石。這時,我們需要突破,才能繼續往前。

我想與你分享一個實用的方法,讓你能運用悔改與饒恕的原則,去面對並除去那些讓你跌倒的問題與習慣。你不需要完全明白這些問題背後的「原因」,你只需要誠實承認它們正攔阻著你。

脫離恐懼壓制的綑綁

當我在 Wagner Leadership Institute 研讀期間,有一研究

課程要求學生簡單自我介紹：姓名、居住城市與職業。當輪到我的時候，我突然說不出話來，並不是因為不知道答案，而是極度緊張，以致無法言語。經老師的多番鼓勵下，我才極其猶豫地開口。這樣的情況非常反常，因為我過去的工作常常需要公開演說，我也曾是本地一所州立學院的講師。

那天晚上，我在獨自寫作業時向主尋求答案。主光照我，指出這是「恐懼壓制」作祟。它不常出現，卻總在最意想不到的時候攔阻我。於是我跟隨屬靈操練的步驟（悔改與饒恕），用耶穌的寶血來破除那恐嚇帶來的捆鎖。我先饒恕那些曾恐嚇過我，或是我「認為」他們曾讓我感到受壓的對象——從二年級的老師、我任教初期的校長，到現在的上司都有。由於我身高只有四呎十吋、體重不到一百磅，可以想見，有很多被恐嚇的經歷需要我去饒恕。然後我也為自己曾恐嚇他人而悔改——包括學生、孩子、同事、甚至陌生人。由於我身材矮小，我是透過冷漠、肢體語言或尖刻的話語來施加壓力。儘管如此，這些仍屬於是恐嚇。在我真誠悔改並饒恕之後，我領受了主的赦免，奉主的名斥責恐懼壓制的靈，並宣告耶穌是我行動的主，邀請聖靈用祂的聖潔膽量來充滿我。

隔天我將這次突破分享給老師。他鼓勵我向全班見證——這一次，我帶著自由與自信分享，是我前一天所沒有的。直到今天，我已不再被恐嚇的焦慮所癱瘓。當類似情況再出現時，我就重新走一遍這條釋放的路，憑信心再得突破。

以下這些真實的生命歷程，來自我曾輔導過的人，為尊重個人隱私，姓名皆已更換。

與哥哥關係的修復之路

瑪麗亞分享說，每次她和哥哥在家庭聚會時，總會因為一些雞毛蒜皮的小事爭吵，最後不歡而散。這讓她難以建立那段她心中渴望的健康兄妹關係。

她的內在困擾可以歸結為這句話：「我們每次見面都會爭吵。」我首先邀請她為在心中對哥哥存留的情緒悔改——包括憤怒、苦毒、怨恨、論斷、不饒恕，以及任何驕傲的態度、苛刻或帶咒詛的話語，甚至是曾經羞辱對方的言詞。如果她曾因某些具體事件傷害過哥哥，也需要為那些行為悔改。接著，我請她安靜下來，把腦海中浮現的記憶逐一列出——凡是讓她覺得被哥哥傷害的時刻。她憑著聖靈的提醒，很快就想到：哥哥曾嘲笑她的紅頭髮、藏起她的功課、當著朋友的面取笑她，甚至在她高中時遭遇困難時，袖手旁觀、沒有為她出頭。她逐一饒恕這些過往的傷害。

然後，她奉耶穌的名斥責那爭辯的靈，並棄絕那些仇敵放進她心中的謊言——例如「哥哥討厭我」、「他不在乎我」、「他根本不想跟我親近」等等。她邀請耶穌進入這段兄妹關係，也求聖靈賜給她建立新關係的力量與智慧。

瑪麗亞原以為那些事早已過去，既然彼此都長大了，也沒有必要再提起。但事實是，那些未處理的傷口仍隱隱作痛，仍然攔阻著彼此的關係。當她願意真實悔改與饒恕，那些壓力與爭辯就被挪去。下一次她與哥哥見面時，氣氛不再緊繃，他們可以平和交談，也開始重新建立真正的連結。

從壓力節日走向釋放關係

蘇茜告訴我，她每年都懼怕回母親家過感恩節。雖然出於責任感她還是會去，但整個過程總讓她壓力極大，總是盼著能早點離開。

她的內在困擾其實是：「一想到感恩節回媽媽家，就有股想落跑的衝動。」當她把這個問題帶到禱告中，聖靈開始光照她在心中的綑綁與傷痛。她開始饒恕母親——饒恕她童年時的缺席、父母的離婚、母親的再婚、以及不支持她的職涯選擇……這些過往從未真正處理，卻在她心中留下深深的刺。接著，蘇西也為自己多年來對母親懷抱的怨恨、怒氣、論斷與苦毒向主悔改。在她的眼中，母親是自我中心、冷漠、不接納她，也缺乏愛的人——這些評價像一面牆，隔開了彼此的關係。

當蘇茜真誠地悔改與饒恕，她就能夠棄絕那些她一直相信關於她母親的謊言。她邀請耶穌介入她與母親的關係，也邀請聖靈給她能力去建立一段嶄新的母女關係。這一切，她終於帶到基督的光中。

到了下一年的感恩節，蘇茜發現自己的狀態全然不同。不再緊繃、焦躁，反而感覺輕鬆許多，還與幾位親戚聊得很愉快。她對我說：「很難具體描述那種感覺，但我知道，真的不一樣了。那股無形的衝突不見了，我也不再急著離開，甚至回家時都沒有那種身心俱疲的感覺。」

若你想在自己的生活中實際應用這個方法，首先要辨識出：什麼是讓你無法建立那段你渴望的關係的攔阻？觀察一下你生命中出現了什麼「壞果子」。那壞果子可能來自某段關

係、一種習慣、一次反覆出現的失敗、一個長期累積的情緒，或者是一個持續不斷的傷害。那是不是你對某個人、某件事心懷怨懟或受了傷？有時，這樣的傷害來自一個沒有「臉」的機構，例如保險公司、學校、政府部門等。這類關係雖非針對具體個人，卻一樣會在你裡面造成破壞與捆綁。在靈裡操練時，你可以將這樣的機構看作一個具體的對象，來面對與處理。

舉例來說，我們可以用「因為朋友沒有來參加我的生日聚會而感到受傷」作為練習主題。請把那份傷痛帶到禱告的中心，用悔改與饒恕的屬靈原則一層層圍繞它、鬆開它，好像解開打結的繩索一樣，讓你從中得釋放。

✝ 第一步：「主啊，我饒恕那位沒有來參加我生日派對的朋友。我不再要求他任何補償、道歉、理由、解釋或藉口。我完全釋放他，毫無保留。」

這是切斷冒犯（不論實際或感覺上的）的第一步。

✝ 第二步：「主啊，我為心中對朋友因沒有來參加我的生日聚會而懷恨、怨懟、論斷、不饒恕來悔改。求祢赦免我。」

這一步是承認自己也有偏離神的地方：個人論斷、心懷怨恨、憤怒、苦毒或不饒恕都不是從主而來。透過悔改，回轉與祂對齊。不論問題是你先引起的，還是別人先造成的，處理時最好從發起者那一方開始。若衝突由你起，先悔改；若由他人開始，先饒恕。

✝ 第三步：「我棄絕關於我朋友的各種謊言（如他不在乎我、想傷害我、我對他毫不重要等）。我棄絕撒旦對我的攻擊、作為，或是試探誘惑。我撤銷因著我的

罪或他人對我的傷害所給予撒旦的權利。從現在起，這些苦毒、怨恨、怒氣與不饒恕不再有立足之地。」

讓我解釋什麼是「撤銷給撒旦的邀請」。當你拿到駕駛執照時，代表你獲得合法資格可以在公路上駕車；但如你的駕駛執照被吊銷了，你的駕駛權就被收回。若你仍然上路開車，就是違法，可能被逮捕並受處罰。同樣的，當你行在罪中、或偏離神的話語時，你就是發出沒有截止日期的「邀請函」給撒旦，允許他在你生命中運作。即使你嘗試切斷他的影響，只要這「邀請」未撤銷，他就有權隨時回來。唯有當你真心悔改並選擇饒恕，罪才會被挪去，你也才能在神面前成為「無可指摘」。悔改與認罪使撒旦在你的生活「駕駛權」不再合法，當你在這樣清潔的狀態中，就擁有權柄可以捆綁（逮捕）和驅逐（釋放）撒旦。「撤銷邀請」就像是一份法律通知，宣告他再無立足之地。若他再闖進你的生命並被發現，他將不得不面對你天父所施下的審判與刑罰。

✝ 第四步：「主耶穌，我邀請祢進入我與朋友之間的裂痕，成為這段關係的救主與主宰。」

你一旦驅趕了撒旦，你就需要讓耶穌來接管，成為你生命的主和救主，將屬靈的主權交給祂。耶穌只能在你願意交托給祂的領域作主。讓祂作主，意味著你放下自己的掌控，選擇以祂的方式來行事。當你邀請祂介入時，祂就成為你所緊抓不放之事的救主。祂會改變你的環境，影響你的思想，甚至以祂的愛溫柔地幫助你鬆手、悔改、得自由。你的自由意志使你成為最終決定誰是主——是你，還是耶穌。

✝ 第五步：「聖靈啊，我邀請祢充滿我與朋友之間的空

隙與裂痕，醫治我們破碎的關係，重新連結我們。」

終止隔閡。你對他人所犯的罪，會讓你與人之間、以及與神之間的關係出現失調。你需要讓聖靈來恢復這一切的秩序。當你做這個禱告時，靈裡會出現一個轉變，因為你已經選擇邀請聖靈進入這段關係。你可以重新開始，展開一段全新的關係旅程。

如果你根據著聖經的原則處理問題，它們就不再能轄制你，你將在基督裡得勝。

對於偏好視覺學習的人，以下圖表可能對你更有幫助。

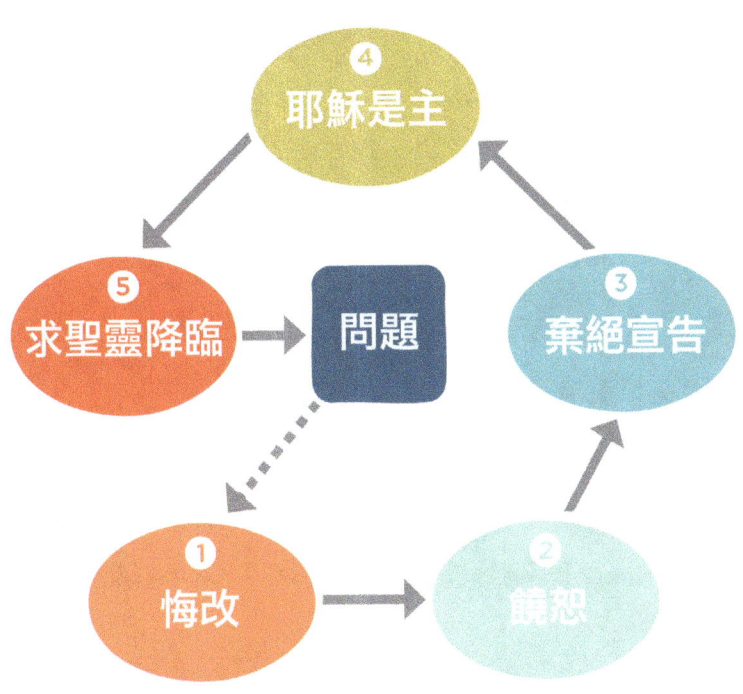

使用以下工作表,來面對你想處理或釋放的困難。

✝ 請描述所結出的壞果子:
_____
_____
_____

✝ 你的問題是什麼?
_____
_____

✝ 有哪些事情你需要悔改?
_____
_____

✝ 你需要饒恕誰,或饒恕什麼事?
_____
_____

✝ 你需要棄絕哪些謊言?
_____
_____

✝ 有哪些「給撒旦的邀請」需要被撤銷?
_____
_____

✝ 在這件事上,你還緊抓著什麼不放?你是否願意讓耶穌作你的救主?
_____
_____

✝ 你願意讓耶穌在哪些方面成為你生命的主？

_____

_____

邀請聖靈進入你的處境，帶來修復與和好。

求主向你顯明一條出路，指引你下一步的行動。選擇順服，立志實踐神的帶領。

> 主啊，靠著你的話語，我領受你對我的赦免，正如我已饒恕他人一樣。藉著你寶血的大能，我現在砍斷那些令我（受傷、痛苦、憤怒、絕望等）的捆綁。謝謝祢，耶穌，把我從困難中釋放出來。阿們。

若你正在面對龐大的情緒挑戰，可以一次處理一小部分。請尋求禱告同伴或代禱服事者的支持與幫助。

公義之樹

「這是神的精心安排。」我們的神設計一切，目的是要我們得勝、得著豐盛！祂要我們成為「公義的樹」，為祂的名彰顯榮耀。在《以賽亞書》第61章3節中，這一切的實踐與操練，早已藉著先知的話語被預言，並在我們生命中得以成就。

✝ 華冠代替灰塵：神以祂的寶血潔淨我們，使我們不再長久壓在罪的重擔之下，垂頭喪志。

✝ 喜樂油代替悲哀：祂的恩膏帶來滿足與完全的喜樂，取代那種長期的失落與缺乏。

✝ 讚美衣代替憂傷的靈：當我們讚美祂時，眼目就從自身和

困境轉向全能的天父，祂是那位叫我們抬起頭來的神。

✝ **稱我們為公義樹**：耶和華栽種我們，讓我們因行義而得以亨通——因祂的公義永垂不朽。我們不再是被罪砍倒、朽壞的枯乾樹幹。

✝ **為要使祂得著榮耀**：這一切的目的，是為了榮耀神。上帝知道我們會變得像我們所敬拜的對象，而沒有誰比祂更偉大。當我們照著耶穌的樣式而活時，祂就在我們裡面被看見、被高舉。

當我們辨識自己的**屬靈社群**，並親自活出聖經的原則，我們就會一步步明白上帝對我們所定，那「美好、蒙悅納、完全」的旨意。這一切的目的，是為了帶領我們與神和好，好使我們也能將和好的福音帶給這個世界。

上帝賜下屬靈的恩賜和自然的才幹，好讓我們能完成祂完全旨意中的使命。屬靈的恩賜是通過聖靈運行的，我們可以藉此將神的超自然能力帶到地上。在屬靈的恩賜裏行事是很重要的，因為服事一位超自然的神，就需要超自然的恩賜。在《哥林多前書》第12章8-10節中列出九種基本的屬靈恩賜：智慧的言語、知識的言語、信心、醫治的恩賜、行異能、作先知講道、辨別諸靈、說方言、翻方言。Peter Wagner （華格納）認為聖經中共有28種屬靈恩賜，並針對這個主題寫了多本書。如果你有機會，不妨深入研讀，並與那些已經在恩賜中服事的人一起操練。這些屬靈技能，往往是「被傳承、被感染」的，比單靠教導更容易領受。

才幹是我們與生俱來的能力，例如演奏樂器、運動、藝術創作、演說、表演等等。當這些才幹被聖靈恩膏，就能承載

超自然的屬靈價值。而當這些與屬靈恩賜結合時，你就彷彿進入了命定的節奏，在神的恩膏中全然發揮。因此，我們需要同時發展屬靈的恩賜與天然的才幹。探索你的可能性，對自己的強項要誠實評估，不要貶低，也不要誇大。發展你需要做的事情以便增加你的呼召的需求。探討學習、操練、探索和觀察他人。根據呼召的需要，裝備自己、學習、操練、觀察他人，讓恩賜與能力持續成長。留意你在做某些事情時的內心感受，這些感受往往是你命定方向的線索。尋找那些與你擁有相似恩賜的人，與他們同行、切磋、磨練，讓你變得更加成熟。邀請聖靈與你同工，祂是你最好的朋友。邀請聖靈作你生命的同工，祂是你最親密的朋友，也是最信實的幫助。記住，聖靈是溫柔的紳士，祂只在你歡迎、允許的地方動工。

禱告：

聖靈，我允許你在我裏面發展我屬靈的恩賜和我天然的才幹，好讓上帝可以得到榮耀，祂是永遠的國度，權勢和榮耀，阿們。

04

第四章
轉變

羅馬書第12章2節

「不要效法這個世界，只要心意更新而**變化**，叫你們察驗何為神的善良、純全、可喜悅的旨意。」（粗體為作者強調）

哥林多後書第3章18節

「我們眾人既然敞著臉得以看見主的榮光，好像從鏡子裡返照，就**變成**主的形狀，榮上加榮，如同從主的靈變成的。」（粗體為作者強調）

保羅教導我們，當我們藉著心意的更新，轉變成基督的形象時，就能與這個世界有所分別。「轉變」（transformation）與「改革」（reformation）是不同的。改革是在外圍發生了變化，內在本質仍然如故。例如，汽車的基本構造是一樣的：四個輪子、一個引擎驅動。雖然外觀、尺寸、功能配件可以不同，但核心還是相同的。銀行仍然是轉移資金的機構；監獄即使進行改革，依然是收容違法者的場所。

轉變是一個徹底更新整個生命的過程。就像毛毛蟲化成蝴蝶，蝌蚪變為青蛙，石油被提煉成塑料，電腦透過網際網路徹底改變人們的溝通方式。當我們藉著神的話語來更新心思意念，我們整個人就能從裡到外徹底被改變，如同蝌蚪變為青蛙、毛毛蟲化作蝴蝶一般。

當我們的心思意念轉變得不再與世界一樣時，我們將能夠知道上帝對我們的旨意——祂美好的、蒙祂悅納和完全的旨意（參考第三章的——《稱義》）。若我們要像耶穌，就必須被改變，進入祂作為祭司、先知與君王的身份與職分中。

你的思維方式是什麼？

讓我們來看看三種思維模式：**野蠻人**的思維、**希臘人**的思維、以及聖經中**希伯來人**的思維。

野蠻人的思維認為：「強權就是公理，強者恆強，不惜一切代價贏得勝利，用力量來征服他人，最強者永遠是對的。」這種人好勝爭強，經常表現在肢體、言語和情緒上的霸凌。他們不尊重他人，最終造成被壓制者的破碎與毀滅。他們不惜一切，只為得到最大的房子、最快的車、最好的球技、最大的公司或最高的地位等等。

希臘人的思維總是需要明白一切，視知識教育為「神」。這種思維認為知識就是力量、是通往成功的途徑，人可以通過知識來支配掌控萬事。然而，地球上沒有一個人可以明白一切事物，因此人們發展出各自的專業。這種盛氣凌人的思維卻容易帶來對他人的輕視，形成一種高人一等的心態。這是一個導致犯錯的陷阱：「若我不能理解，我就編造理由來補足它」；或者「除非我能明白，否則它就不是真理」。

希伯來人的思維是按照聖經的方式，以敬拜與順服神為中心。敬拜上帝讓我們與那位「大有能力」且「全知的」神連繫起來；而順服則帶來真正的明白。唯有你選擇饒恕，才能明白饒恕所帶來的自由；唯有放下苦毒，才會明白自己內心的剛硬；唯有學會給予，才會明白施予所帶來的喜樂。這是一種信靠一位全能、慈愛又信實的神的思維方式。

敬拜與順服，是被轉變成基督形象的關鍵。順服其實是一種敬拜的方式。我們越是順服，我們的生命就越快被轉變。大多數人以為順服很容易，直到遇上自己無法認同的情況時，

才發現其實並不簡單。

請誠實回答以下每個問題：是、有時、或否。

1. 你是否把車停在禁止停車的區域（例如：身心障礙專用位、消防通道、裝卸區），並找藉口，覺得自己是例外？
2. 你是否傾向自己的做事方式，而不依照別人給出的指示或說明？
3. 如果你不同意公司的政策，你會無視它嗎？
4. 你是否按自己的心情服藥，而不是按照醫生的囑咐或指示吃藥？
5. 面對各式各樣的程序（如銀行業務、保險單、申請表或報稅文件），你是否常花時間批評它們，而不是按步就班去完成？
6. 你是否常遲到（上班、聚會、會議、教會）？
7. 你是否覺得自己一定要報復、討回公道才甘心？
8. 你是否常常拖延自己的責任（如繳帳單、報稅、交報告、趕截止時間）？
9. 你是否做出了承諾，然後卻忘記兌現？
10. 你是否常以言語或行為傷害他人？

如果你對以上大部分甚至全部問題的回答都是「不」，那麼你的順服指數很高。如果你有很多「有時」的回答，那麼你處於不冷不熱（lukewarm）的狀態。如果你對以上所有問題都回答「是」，那麼你正活在不順服的光景中。

這些都是在日常生活中操練順服的例子。神讓我們在現實生活中不斷學習順服，好叫我們在屬靈的領域中也能學會順服。耶穌在地上的生活中順服神，在靈裡也完全順服。如果我

們要「被變化成主的形象」，那麼我們也必須在地上順服祂，如同在天上一樣。我們雖**身在**世上而**不屬**於這世界（約翰福音第17章16-18節）（粗體為作者所加）。若我們仍支持世界的價值體系——欺騙、自義、暴力和不敬，我們就無法參與那將神的旨意「成就在地，如同行在天」的使命。

為什麼我們必須被轉變呢？除非我們被轉變成上帝的形象，不然我們就不能成為祂的代言人。上帝賜福與我們，渴望帶領我們進入「應許之地」，成為祂的使者，在地上彰顯祂天上的榮耀，祂所賜的福是超越我們所求所想：「我賜給你們地土，非你們所修治的；我賜給你們城邑，非你們所建造的。你們就住在其中，又得吃非你們所栽種的葡萄園，橄欖園的果子。」（約書亞記第24章13節）。上帝為我們每個人預備了一個「應許之地」——那就是祂所託付給我們影響力的範圍。我們可以在自己的範圍把天堂帶到人間。唯有順服神，我們才能在這片屬於我們的「應許之地」中成為祂的代言人。

你怎麼知道自己已經進入了應許之地？歐斯‧希爾曼（Os Hillman）在他每日的靈修書《今天神居首位》（Today God is First）中，這樣分享自己的見證：

> 當我開始順從神的引導，而不是依自己預想的結果去行事時，我開始經歷到一種全新的生活方式。上帝的供應開始隨著我對祂的順服而流入我的生命；許多計畫不再讓我費盡心力就能完成。神親自把合適的人帶到我身邊，來完成祂託付的事。我不再一心想操控事情的發展，不再執著於達成自己想要的結果。當

我向祂降服的時候，神把我的應許之地賜給了我。

爭取突破

你生命中的哪些領域需要進入順服，才能讓你踏進上帝完全旨意中的應許之地？

表達「我愛你」的方式

當我還是一個年輕的母親時，有一段時間我意識到自己常對當時在青春期的孩子感到煩躁，也缺乏愛的表達。我為此來到主面前悔改，求問祂要怎麼做才能改善，我實在想不出自己還能再多付出些什麼。祂的回答很簡單，卻極深動我心：「讓你對孩子每天說的最後一句話，是『我愛你』；當他們早上醒來時聽到的第一句話，也是『我愛你』。」我決定照著去做，並要求祂從中幫助我。當孩子們晚上讀書讀得很晚時，我會把頭探進房裡，輕聲說一句：「我愛你。」

我並不是每個晚上都記得這樣做，但在那些沒有說「我愛你」的夜裡，家裏的都狗會在凌晨時分莫名其妙地吠叫，把我喚醒。我這才會想起來，然後走到孩子房裡，拍拍他們並且輕聲地說：「我愛你，晚安。」儘管當天有過爭執、摩擦或情緒，我仍然堅持這句話。當早晨叫他們起床的時候，我也會說：「我愛你，該起床了喔。」我持續這樣做，直到他們離家上大學為止。這樣的操練徹底改變了我：我的脾氣變了、我的氣質改變了，我和孩子的關係也翻轉了。雖然有時候，我們之間的相處仍然有困難存在，但孩子們未曾抱怨過不被愛或感到

被冷落。直到今天，每一次的電話、每一次的道別，仍然都會以「我愛你」作結。

讓我以剛才的見證為例，列出我在順服中經歷轉變的五個實際步驟。

✝ 第一步：悔改

我為自己在為人父母上的虧欠而悔改。

✝ 第二步：饒恕

我選擇饒恕自己，接納自己的不足。

✝ 第三步：尋求神的計劃

主啊，請指引我，作為父母的下一步該怎麼走？

✝ 第四步：立志順服

我選擇順服祢的計劃。

✝ 第五步：實踐順服

順服。

神總是會為你預備一個你能實踐的計劃。當你願意委身於順服，祂會幫助你完成，並改變你與你周圍的環境。

君尊的祭司

彼得前書第2章9節——「唯有你們是被揀選的族類，是有君尊的祭司，是聖潔的國度，是屬神的子民，要叫你們宣揚那召你們出黑暗、入奇妙光明者的美德。」

啟示錄第5章10節——「又叫他們成為國民做祭司，歸於神，在地上執掌王權。」

三個屬天的領域

✝ **第一層天：地上的領域**

這是我們日常生活所處的現實世界，是我們睡覺、吃飯、跟朋有見面、工作、玩樂等等的所在。在這個領域，我們的行為表現出我們是誰，我們的意圖也經常透過言語與舉止流露出來。仇敵撒旦是非常善於觀察，雖然他無法讀懂我們的心思，但卻能辨識我們的行為模式，並藉由試探或暗示來誘導我們做出對他有利的選擇，好使我們偏離神的計劃與命定。若我們活在罪中，就會被緊緊鎖在世界的體系裡，從這一層發出的禱告往往缺乏果效。

✝ **第二層天：屬靈爭戰的領域**

這是一個隱而未見的「屬靈戰場」，充滿著邪靈、掌權者與執政的黑暗勢力，竭力攔阻你進入神寶座的旅程。要穿越這層領域，我們就需要像祭司一樣站在公義中———也就是與神與人之間保持正確的關係。罪會賦予仇敵權柄來攔阻我們的進展。悔改與饒恕使我們呼求耶穌的寶血，這正是突破第二層天的關鍵。若我們沒有突破這一層，即使我們讚美和敬拜，這層像銅般堅硬的屬靈天空會將我們的禱告彈回來。

✝ **第三層天：神寶座的領域**

這裡是神掌權的所在，也是眾天使與天軍聚集、預備成就祂的旨意的地方。讚美和敬拜是進入寶座聖殿的通道，在這裡，我們與天使、天使長、萬軍之耶和華一同敬拜。在這裡，我們可以領受異象、謀略、指令和能力。當我們從第三層天的高度來為地上禱告，便會以屬天的權柄與能力

宣告、命令、施行屬神的旨意。這就是與祂一同作王。

「祭司」是那位代表敬拜者站在神面前的人。大多數宗教都有某種形式的祭司。根據《彼得前書》第2章9節，我們每一位基督徒都被呼召成為上帝面前的祭司。我們不是自己任命的祭司，而是由基督所揀選的「君尊的祭司」。藉著耶穌基督，上帝把我們從罪惡和死亡的黑暗權勢中拯救出來，帶進祂榮耀的光中。我們或許不是宗教機構任命的職分祭司，但我們是在萬王之王、萬主之主面前所站立的王的祭司。人總會漸漸變得像他們敬拜的神。我們敬拜的是一位聖潔的神，因此我們也是一群被呼召出來的聖潔子民，共同組成一個聖潔的國度。當你選擇基督成為你唯一的神時，神也選擇了你。

如果我們身披祭司的職分，就應能進入上帝的同在，與祂親密交流。摩西進入帳幕與上帝交談；大祭司則進入至聖所，代替人民與上帝會面。他們必須在禮儀上保持潔淨。而我們如今藉著耶穌的寶血，在悔改與饒恕中得著潔淨，成為「被寶血洗淨」的子民，可以坦然來到神面前。

聖經中的大衛王被稱為最偉大的敬拜者，他的兒子所羅門王則被譽為地上最有智慧的人。當你願意花時間浸泡在「大衛的帳幕」式敬拜與「所羅門聖殿」所象徵的智慧啟示中，你與神的親密度與屬靈能力將大大提升。成為君尊的祭司，不是偶然的恩典，而是出於你主動的選擇與回應。

你生命中有「大衛帳幕」的證據嗎？

✝ 大衛的帳幕是晝夜不息地充滿敬拜與讚美，無論是在意識中，還是在潛意識裡。當你所行所說的都以神為首時，就

是在為祂建立帳幕。我不是指要在每一句話中都插入「哈利路亞」或「讚美主」，是要尋求祂的面（詩篇第27章8節），而不單只是祂的手。尋求祂因祂是神；敬拜祂，敬畏祂，注視祂的偉大遠超過你當下的處境。事奉神就是親口向祂表達你對祂的愛。神渴望你專注於祂，因為當你如此行，就會發現自己正被祂塑造成一個更好的人。

✝ 學習用上帝的眼光來看這個世界。在神的國度裡，每個人都被歡迎來敬拜祂，沒有高低之分。要學會在每個人身上看見價值。當你看到黑暗和罪惡時，要求問神這人或這事可以如何被轉化。你可以與主耶穌持續進行對話，只要這是真正的對話，而不是單方面的獨白。停下來聽聽祂要對你說什麼，留心祂的心意。記住，魔鬼原想用來作惡的事，神卻能轉為成就善事。

✝ 對上帝要敞開心，誠實告訴祂你的感受，包括你不喜歡的事，還有你心中渴望發生的事。承認自己的罪，並饒恕那些得罪你的人。若你要為別人的罪代求，也要記得是出於憐憫而非論斷，要確保你沒有在心中審判他人。並且感謝神，感謝祂的所是與所行。

✝ 沉靜地尊崇祂，停下你內心的喧嘩與抱怨，讓祂親自向你說話。

✝ 選擇祂的道路，把祂的心意擺在你的前頭，連結祂的智慧，好叫你知道當行的路。

✝ 支取祂的能力，勝過一切障礙。

✝ 倚靠祂所賜的剛強，站立得住，抵擋仇敵。

所羅門的聖殿

　　所羅門的聖殿代表智慧的領域。他之所以滿有智慧，是因為他向神求智慧。只要他效法大衛，在敬拜中讚美神，在公義中順服神，智慧就不斷臨到他。智慧是上帝**所賜**。所羅門的聖殿中各個祭壇的設立，都是神親自指示的，象徵著我們如何一步步進入祂的同在。

✝ 陳設餅的桌子：藉著默想和背誦神的話語來「吃」祂的道。反覆咀嚼、吸收，直到祂的話成為你生命的一部分。

✝ 金燈臺：燈臺的光照亮驅走黑暗，向祂尋求啟示和與亮光，使你看清祂的道路。

✝ 金香壇：我們的禱告如馨香之氣升到祂面前，我們尋求的是祂的面，而不只是祂的手。

　✝ 祂的面：憐憫、慈愛、饒恕、同在、公義、完全。

　✝ 祂的手：財富、神蹟、配偶、醫治、家人的救恩。

與上帝交通

　　要存謙卑的心，願意在神對你身份與使命的看法上與祂對齊。如果上帝說你是蒙福的，欣然領受；如果祂說你是「受造奇妙可畏的」，就全心認同祂的話。要謹慎提防「假謙卑」，因為那其實是驕傲的另一種表現。若上帝說你裡面有悖逆的心，就誠實承認並悔改；若祂光照你驕傲的態度，就順服回應，向祂悔改。

✝ 站在上帝面，前為自己祈求（訴求）。不要害怕為自己禱告，用經文為自己禱告。你是最了解自己、最清楚自己需

要和渴望的人。主耶穌教導我們：「你們要祈求、要尋找、要叩門」。神不是在和我們玩猜謎遊戲，雖然祂已知道我們心所渴望的，但也希望我們能如祂以話語創造萬物一樣，用宣告參與祂的創造計劃。

✝ 為他人祈求（代禱）。為別人代禱時，要具體明確地禱告，不必告訴神怎麼做，但要清楚說明你所求的內容——身體得醫治、修復一段關係、從某種處境中得釋放等等。例如這樣的禱告：「主啊，快快醫治他斷裂的骨頭，使他重新剛強起來，並帶來快速、無痛的恢復」，比只說「醫治他」更有信心與力量。甚至以經文來禱告：「主啊，祢的話說祢會從肉體中除掉石心並賜給肉心。求祢除去這段婚姻中的石心，賜下柔心，好讓他們願意彼此和好，並領受祢的饒恕與憐憫。」

先知

「祭司」是代表百姓向神說話，耶穌是我們的大祭司。而「先知」則是代表神向人民說話，耶穌同樣也是一位先知。當我們說出上帝所說的話時，我們就是在發預言。上帝所說的是真理、愛、憐憫、鼓勵，也包括審判的提醒。千萬不要將預言與算命混為一談。先知可能會說出將來的事，但是他的主要職分是說出神此刻正在說的話。上帝永遠不會違背祂自己的話語；如果你覺得某些預言與聖經矛盾，那你需要更深地求問聖靈啟示祂的真意。

當我們奉神的名說話時，必須記住：「但作先知講道

的，是對人說，要造就、安慰、勸勉人。」（哥林多前書第14章3節），而「神是愛」更是正確預言的根基與記號（哥林多前書第13章4-7節）。

愛是恆久忍耐（忍耐能乘著人生的波濤起伏而不失控。）

愛是有恩慈的（恩慈避免有意的傷害。）

不嫉妒（不羨慕不屬於自己的。）

不自誇（誇口是把事情吹噓得比實際更大。）

不張狂（驕傲是高舉自己。）

不作害羞的事（愛尊重他人，諷刺或「隨你便」這類話語總是不禮貌的。）

不求自己的益處（不只想：「這對我有什麼好處？」）

不輕易發怒（情緒是被管束的。）

不計算人的惡（不抓住過錯反覆翻帳。）

不喜歡不義（不會幸災樂禍地想：「他活該失敗！」）

只喜歡真理（總是相信：「他還能被恢復！」）

凡事包容（不使他人受傷害。）

凡事相信（給予適當的信任。）

凡事盼望（總是期待更好的未來。）

凡事忍耐（無論如何，都堅持到底。）

　　每當我們開口說話時，其實我們就在發預言，我們的話語在釋放能力，使某些事成為現實。因此，不只是「說什麼」重要，我們「怎麼說」也同樣關鍵。用尊重與尊嚴的態度對人

說話，是愛的具體表現。咄咄逼人的語氣是在說：「我很重要，你不重要。」消極退縮的語氣是在說：「你很重要，我不重要。」而自信的語氣則表達：「你很重要，我也很重要。」這樣的態度，才能真正承認彼此在神面前同等的尊嚴與價值。

這裡有一些實用的句型，可以幫助你改變表達方式，帶來積極的對話轉化。

用來表達「行為改變」的句式：

當你說或做＿＿＿＿＿＿＿＿＿＿＿＿＿＿＿＿＿＿＿＿＿，
我感到 [悲傷、受傷、開心、激動、背叛、困惑、孤單、困擾、不安……]
我會比較希望你＿＿＿＿＿＿＿＿＿＿＿＿＿＿＿＿＿＿。

例句一
每當我讓你做家務事，你就翻白眼，
我感到不受尊重和覺得冒犯。
我希望你不要翻白眼，而是用說的方式表達你有什麼不滿或困難。

例句二
當你說你無法忍受待在這裡，
我感到難過，也有被背叛的感覺。
我比較希望你與我討論是什麼事情讓你煩擾。

用來表達「不同的想法」的句式：

我知道你 [相信，覺得，認為，擔心]，
雖然如此，我的想法是＿＿＿＿＿＿＿＿＿＿＿＿＿＿＿＿。

例句一

我知道你覺得記帳是一件麻煩的事，

雖然如此，我認為守住預算對我們來說真的很重要。

例句二

我了解每次去探望你父母時都會感到不自在，

雖然如此，但我相信讓孩子認識他們的祖父母，是一件很重要的事。

✝ 訣竅1：學習使用一些新的詞彙。如果你有表達自己的困難，可以多聽一些表達能力好的人，並試著模仿他們的說話方式。你也可以請人協助你，閱讀好書，或聆聽有聲書。你為改善語言能力所付出的每一分努力，都會加強你以言語與上帝一起創造的能力。因為「清晰就是力量」。所以，擴充詞彙、學會用準確的詞表達思想就變得非常重要。像「雖然如此」、「然而」或「似乎」這些字，在表達不同意見時就是不錯的選擇。 建議避免使用「但是」這個詞，因為它常會抵銷前面所說的一切，讓對話顯得否定並帶有貶意。

✝ 訣竅2：適時使用像「我同意」、「我們可以」或「我了解」這類表達方式，這些都是我稱之為「同站一邊」的詞語。這種語言使我們與對方站在同一陣線上，而不是處於對立的位置。

✝ 訣竅3：在表達不同意見時，避免使用「你怎樣怎樣」的說法（例如：「你總是發脾氣」、「你又這麼做了」）。這類「你句型」常常讓對方感到被攻擊，也容易讓指責和定罪的語氣不自覺地滲入對話中。

✝ 訣竅4：學會傾聽你自己。你在人際關係中，有哪些話題是你覺得難以啟齒或不容易表達的？你能用不強勢、不逼迫的方式表達你的感受、想法和期望嗎？你會否貶低自己？會否過度高舉自己？你是否誠實？你是否同時尊重他人，也尊重你自己？

✝ 訣竅5：練習，練習，再練習。準備一些你希望能在工作、家庭或與陌生人互動中常用的自信語句。重複練習，直到它們能自然脫口而出。若你想改變自己的說話模式，這樣的練習一點都不做作。壞習慣不可能在一夜之間養成的，它們是透過不斷重複而變得根深蒂固的。同樣，好的語言習慣也是經由不斷重複建立起來的。諷刺、咒罵和冷嘲熱諷，無論何時都是帶著攻擊性與傷害性，請將這些從你的語言模式中剔除，因為它們不尊重他人、不尊重自己，也不尊榮上帝。

✝ 訣竅6：警醒口舌的羅網與陷阱。撒旦會透過挑動你的情緒，誘使你脫口而出污穢的話語、批評、定罪（對他人的負面思維模式）或內心誓言（對自己下的決斷）。要預備好，不被這些操控。

✝ 訣竅7：準備好回應，而不是本能反應。在說出口之前，先聽自己將要說什麼。讓你的言語中榮耀上帝。

　　寫下兩句你可以在困難處境中使用、同時尊重他人與自己的話。

1. _____
2. _____

君王

「君王」是被他人任命或自我立為，無論是當朝授權或世襲繼承，用來治理一個特定領域的人。君王可以是一位專橫的暴君，也可以是謙卑的僕人。如今世上也有許多在位的君王，在掠奪他們統治的人民。我們通常認為君王是統治國家的國王，但君王其實是被賦予權柄與能力，來管理人民、維持秩序的角色。任何領導者都可以算是君王——無論是董事會主席、教室裡的老師，或是管理清潔工的主管，他們都是某種形式的君王。君王的職分伴隨著責任，也需要勇氣。例如，當摩西過世後，約書亞就被上帝揀選來接續帶領百姓。

約書亞書第1章6-9節——「你當剛強壯膽，因為你必使這百姓承受那地為業，就是我向他們列祖起誓應許賜給他們的地。只要剛強，大大壯膽，**謹守遵行**我僕人摩西所吩咐你的一切律法，**不可偏離**左右，使你無論往哪裡去，都可以順利。這律法書不可離開你的口，總要晝夜思想，好使你謹守遵行這書上所寫的一切話。如此，你的**道路就可以亨通，凡事順利**。我豈沒有吩咐你嗎？**你當剛強壯膽！不要懼怕，也不要驚惶**，因為你無論往哪裡去，耶和華你的神必與你同在。」（粗體為作者強調）

我們是被培育來承接君王職分的。約書亞曾在摩西手下服事，他觀察、幫助並向摩西學習。他從摩西那裏學到的最大的功課，就是如何在順服神的道路上行事。「剛強壯膽」是一種選擇，因為面對困難時，我們很容易變得軟弱和膽怯。這是一個命令——不可懼怕，也不可灰心。神向約書亞應許祂必

與他同在。大衛，所羅門，撒母耳，掃羅，使徒們，甚至耶穌，也都是藉著順服上帝，在地上學習掌權作王的。

舊約裡的大衛原本只是一個牧童，卻被上帝揀選，興起作以色列和猶大的君王，正因如此，我們可以從他的生命中學習如何作王。

1. 大衛最重要的作為之一，是在他的國中建立敬拜。他將約櫃迎進首都的中心。雖然他第一次失敗了，但第二次按照神的話語行事，就成功設立了「大衛的帳幕」，這是一個日夜都有讚美與敬拜的地方。我們也應時刻藉著讚美與敬拜，把神的同在帶入我們所處的影響範圍中。

2. 在作出任何重大決定之前，大衛總是「尋求主」。每當他把事情當成理所當然、按照自己的計劃進行時，往往招致失敗，也為他的王國帶來麻煩。

3. 他倚重先知拿單和祭司亞比亞的屬靈指引與建議。雖然他也有其他謀士，但先知與祭司始終居於首位。歷代中，那些拒絕先知話語的君王，最後都失敗並喪失國位。

4. 他與大能的勇士們在一起。留在團契關係中，不孤立自己，是非常重要的。

5. 大衛追求的是神的心意，而不是祂的手。他樂意從自己的產業和府庫中獻祭給神。他承認他的一切都是從上帝的手所賜給的，但他更渴望明白神的旨意並遵行祂的喜悅。

6. 「大衛作以色列眾人的王，又向眾民秉公行義」（撒母耳記下第8章15節），我們也當以公平與公義來治理所託付的。

7. 大衛為在拔示巴一事上陷入的罪來真心悔改。在詩篇中，

我們可以聽到大衛如何在主神面前謙卑,向主認罪悔改。

哥林多後書第5章20節——「所以,我們做**基督的使者**,就好像神藉我們勸你們一般,我們替基督求你們與神和好。」(粗體為作者所加)

我們是基督的使者,只是穿著不同身份的外衣,無論何時何地,全年無休。你扮演著哪些身份?可能包括:顧客、病人、客戶、媽媽、爺爺、婆婆、舅舅、委員會主席、詩班成員、採購者、接待員、老師、志工、秘書、醫生、牙醫等等。

作為基督的使者,我們有各種角色或裝扮,我們有屬靈的責任。我們常常變得過度屬靈,以為要在基督裡掌權就得擁有一個備受矚目、能影響眾多人的高位。雖然這對某些人來說可能是真的,但我們每個人都應該在神所賜的領域中,像君王一樣治理與掌權。我可以組織和經營自己的家庭,但我沒有權力告訴鄰居如何經營她的家庭。我能夠決定什麼可以進入我的家,什麼必須拒之門外。我可以訂立家中的行為與禮節準則,並承擔起我的責任,而且可以視需要來作出調整。

很多夫妻會笑談這些是「小事」,但在我們家,廚房就是我的領域,由我決定物品該怎麼擺放;而木工坊則是我丈夫的地盤,由他負責如何規劃和整理。我們各有分工,也一起治理我們共同的家。在重要的事情上,我們則必須齊心合一,像是孩子的教育、家庭的財務,以及我們在社會中的責任等等。

當上帝把一個領域交託給我們去治理時,祂先為我們做好準備,然後再賦予我們能力去執行。在這過程中,我們會面臨想要放棄的時刻,但神的同在會賜下我們所需的力量,幫助我們堅持到底。神呼召我們在祂所賜的影響力範圍內治理、帶

領、並帶來秩序。這個範圍可能是你的家庭、你的職場、你的社區、你的教會，或是某個特別的計畫。要敏銳地辨認出你被託付的屬靈領域，並學習如何在其中作王掌權。

作為個體，看守並保護神所交付給我們的領域與產業。為了履行這項託付，神也賜下屬靈的武器給我們，包括：公義（詳見第3章）、順服，以及祂的話語。有些衝突我們應當避免，不必硬碰硬。要「尋求主的指引」，求問哪些衝突該面對、哪些該退讓。敵人會設下埋伏，引誘你進入一場虛假的鬥爭來削弱你的力量，並使你偏離上帝的旨意，讓你落入他所設的歧途。例如：若鄰居冒犯了你，與其提告，不如選擇轉身離開並饒恕對方。仇敵樂於看見你陷入一場耗費金錢、情緒與精力的無謂訴訟。

我們每個人都需要成為守望者，為自己被託付的領域把關。守望者通常站在城牆上，因為那是一個視野較高的位置，可以遠眺城外是否有危險接近，並及時警告城內的人。他們的眼光不只看眼前，也能看見更遠的變化。我們也要學會分辨，不被恐懼蒙蔽，而是警醒地面對任何可能侵入我們領域的威脅。守望者的責任不僅是留意外來的危機，也包括察看城內是否有潛藏的風險。注意誰正在影響我們，要為自己的家庭守望，留意家人的行為、言談、朋友圈和日常接觸的人。不要自以為一切都安好而鬆懈警戒。多少父母事後才驚覺地說：「我完全沒發現這事會發生！我不知道我的孩子竟然與吸毒者來往。」守望者啊，醒來吧！你不需要時刻緊繃，但必須時時留心。要與你生命中需要看顧的人保持互動，不可疏忽。

為教室守望禱告

我女兒上初中時，有一天告訴我，她希望我幫她申請轉出英文課，因為那個課堂實在太混亂了。老師身體不是很好，大部分時間只能坐著上課，不然就是請假缺席。學生們整堂課都在交談，丟紙飛機，對老師也毫不尊重。在那種氣氛環境下，幾乎無法學到什麼。

那是一個提醒我要為女兒課堂禱告的信號！我不需要親自到學校，也可以直接為那個教室的混亂局勢發動屬靈爭戰。我禱告祈求老師的病能得醫治，也祈求神差派天使看守學校，攔阻擾亂的靈。我還找了一個朋友與我一起禱告。隔天，女兒回家說她不知道發生了什麼事，課堂突然變得秩序井然，老師也精神飽滿，全班真的學到了東西。

因為女兒在那所學校就讀，作為她的母親，我在靈裡對那個地方有責任和權柄。那所學校因此自然被劃入我在現實世界和屬靈領域中的影響範圍之內。從那天起我們持續為那班級禱告，整個學年下來都有顯著改善。這就是一個說明我們可以如何在神所託付給我們的領域中，行使屬靈的權柄與能力的真實例子。

合一的君王們要一同興起、合力守護和鞏固那些神託付給群體的屬靈領域。這些「群體治理範圍」是我們共享的領域，例如政府、學校、高等教育機構、通訊系統等等，都是我們這些屬神的治理者所當承擔的責任。這就是為什麼我們要積極參與投票、志願服務、加入守望群等。要留心誰當選、哪些法案被提出、社會經濟是如何被推動的。我們的守望不是為了批評或發怨言，而是為了代禱與參與。我們的屬靈兵器是團

隊公義、團隊順服、和上帝的話語；當眾王一同行走在神的道上，他們便在聖潔合一中如軍隊般結連，攜手為神保守並拓展祂所託付的國度疆界。教會本應是神在地上展現群體影響力的榜樣，因為我們擁有禱告和敬拜的能力。我們也當成為合一的守望者，從裡到外守護著這座城市。

以神的策略扭轉局勢

我曾參與一個社區音樂團體。當時團體正面臨壓力，被要求舉辦一場耗費龐大又極為費時的活動。我和幾位成員擔心，董事會在缺乏完善計畫的情況下貿然通過並推動此案。我們知道必須扭轉這個局勢。主賜下幾個關鍵性的問題，讓我能在下一次會議中提出。這些問題觸動了議題的核心，最終讓董事會意識到，推行這個活動並非明智之舉。當我們依靠神的策略行事，就能在我們的領域中掌權治理。

當尼希米重建耶路撒冷時，看守者被分配了特定的城門。我們也當求問主，要守在哪一座城門、擔任什麼樣的守望任務。我們不可能每個人都看顧所有的門，有些人蒙召守護政治之門，有些人負責經濟之門，也有些人看守家庭之門，還有一些人被安置在國際之門。警醒吧，守望者！耶穌這位萬王之王，親自供應你、保護你，也為你爭戰。

✝ 作為君王，你個人需要供應、保護並捍衛的屬地是哪裡？
✝ 在與其他君王聯合治理時，你們共同肩負的團體領域是什麼？需要如何供應、保護並捍衛？

這些問題不是隨口一問，而是攸關你如何代表基督。請

你花些時間認真回應,並求聖靈向你啟示,使你能行在祂為你所預備的完全旨意中。

你怎麼知道自己已經或正在被轉變呢?

值得慶幸的是,轉變往往是漸進的,而非瞬間發生。我之所以說「值得慶幸」,是因為若轉變是立刻完成的,那對我們的個性、甚至對周遭的人而言,可能會造成強烈衝擊。轉變大多數是一個部分一個部分地進行,例如情緒、身體、關係等方面,逐步更新。

就像企業每年會回顧過去的表現,並為來年、甚至未來五年制定願景與目標,我們也需要在基督的道上評估自己。我們在基督裡的生命旅程也應當如此,不可任其自然發展。我們需要認真地自我省察,問自己以下幾個問題:

† 在我所處的影響範圍中,我是否活出了祭司、先知與君王的身分?
† 我是否能迅速地悔改並選擇饒恕?
† 我的言行是否代表了基督?
† 我是否願意順服神為我生命所定的計劃?
† 我對明年、未來五年、甚至十年的願景是什麼?
† 我的情緒、身體狀況、屬靈生命、態度以及人際關係有哪些改變?

即使現階段的你,還未達到所有的期望與目標,至少你已經有了一把衡量的準繩。神的話語、你的順服,以及耶穌寶血所帶來的赦罪恩典,將永遠是你「前行之路」上的引導與保障。

www.ingramcontent.com/pod-product-compliance
Lightning Source LLC
Chambersburg PA
CBHW072211070526
44585CB00015B/1292